Ursula Richter

# Frauen lieben jüngere Männer

Ursula Richter

# Frauen lieben jüngere Männer

Ein anderer Weg zum Glück

HERDER

FREIBURG · BASEL · WIEN

HERDER spektrum Band 6633

MIX
Papier aus verantwortungsvollen Quellen
FSC® C106847
FSC
www.fsc.org

Titel der Originalausgabe: Frauen lieben jüngere Männer
© Kreuz Verlag
in der Verlag Herder GmbH, Freiburg im Breisgau 2010
ISBN 978-3-7831-3489-6


www.herder.de

Umschlagkonzeption: hanno herrmann ideen & design
Umschlaggestaltung: Verlag Herder
Umschlagmotiv: © istockphoto.com
Foto Ursula Richter: © www.finepic.de

Satz: de·te·pe, Aalen
Herstellung: fgb · freiburger graphische betriebe
www.fgb.de

Printed in Germany

ISBN 987-3-451-06633-7

# Inhalt

## Kapitel IV: Die schwer überwindbaren Vorurteile



## Kapitel V: Ein gemeinsames Leben



## Kapitel VI: Vorsicht, Krisenzeiten!

## Kapitel VII: Die Liebe siegt

## Einstimmung

*Er kam in der Kantine an meinen Tisch, zielstrebig, mit einem strahlenden Lächeln, und unterhielt sich mit mir über das Leben in China. Typisch chinesisch sah er nicht aus, dieser selbstbewusste, schöne junge Mann; er war groß und kräftig gebaut.*

*Er gefiel mir, und ich wusste, dass er mich interessiert.*

*Wir treffen uns fast täglich, zuerst zufällig, dann verabredet. Sprechen über mein Leben, sein Leben, Demokratie und Freiheitskontrolle, immer wieder sind wir die letzten Gäste in der Kantine. Der Mann, der das Geschirr abräumt, die Tische abwischt, wird ungeduldig. David nicht. Mein Gott, was wohl die Leute denken? Ist es nicht offensichtlich, was mit uns passiert? Gestern, als ich später gekommen bin, hat er mich zur Begrüßung umarmt und auf die Wange geküsst.*

*Nein, üblich ist dies hier ganz und gar nicht.*

*David führt mich zu seinem Haus und stellt mich seinen Mitbewohnern vor. Sie sind überrascht, aber sehr freundlich und neugierig der Frau aus Europa gegenüber. Wir kommen schnell vom politischen Gespräch ins ganz persönliche. David reagiert eifersüchtig, wenn die Konversation mit den anderen zu angeregt wird. Ich bemerke es mit Genuss. Er lenkt das Gespräch und es gelingt ihm immer wieder, deutlich zu machen, dass ich* seine *Bekanntschaft bin. Er stellt sich ganz nah an meine Seite, berührt mich aber nicht.*

*Wie sich David für mich begeistert und um mich wirbt, das ist so unerwartet. Ich blicke in den Spiegel und lächle mir aufmunternd zu, dann wieder schüttle ich ungläubig den Kopf, und manchmal strahle ich. Ich sehe zwar nicht uralt aus – aber David ist immerhin jünger als meine Tochter. Er wirkt interessant und authentisch, in seinen Augen liegt Bewunderung. Sein Wesen ist, glaube ich, eine Mischung aus Mut, Können, Aufbruchsdynamik und Träumen, die er sich zu erfüllen bereit ist – und seine Jugend gibt ihm das Recht, alles anzustreben.*

*Natürlich weiß ich viel mehr über das Leben und ich weiß auch, was er nicht wissen kann. Um dieser Erfahrung willen, dieses für ihn Noch-nicht-Erfahrene, aber Angestrebte und Ersehnte, hat er sich wohl in mich verliebt. Ich verkörpere das, was er in Zukunft leben will. Das, was ich bereits gelebt habe und nicht mehr wiederholen kann, weil ich nicht mehr in dieser Art von Aufbruch bin. Während mir David begegnet, kann ich schon das Ende meiner Zukunft sehen.*

*Ich denke oft an »Harold und Maude«, das bizarre Paar aus dem Kultfilm der 1970er Jahre.*

*Muss man gehen, bevor der Zauber fällt?*

*Es ist das erste Mal, dass ich verliebt bin und nicht an »ewig« denke. Jetzt gibt es kein Grübeln über Fallen, keinen Argwohn, keinen Vergleich mit vergangenen Erfahrungen. In seine glänzenden blauschwarzen Haare habe ich mich verliebt. In seine dunklen Augen, deren Mandelform so klar geschnitten ist, als hätte ein Künstler die vollendete Symmetrie beweisen wollen. In seine samtige Haut, die zum Berühren einlädt. Sein ovales Gesicht, die Lippen, die makellosen Zähne, alles erscheint mir perfekt. In seinen warmen, lebendigen Körpergeruch. Seinen beschwingten Gang. Ich fühle mich umhüllt von seiner Wärme. Eine seltsame Verliebtheit: unvorstellbar noch vor Kurzem. Ich freue mich darüber, dass dieses Hochgefühl möglich ist, dass es mich erfasst hat. Umso mehr, nachdem meine jahrzehntelange Beziehung mit meinem jüngeren Ehemann in die Brüche gegangen war. Auch deshalb hatte ich das Angebot ins weit entfernte Ausland angenommen: um dem Schmerz zu entfliehen.*

*An einem Donnerstag blieb David über Nacht, in dem erdgelben Steinhaus, von dem die Farbe schon in großen Flecken abgeblättert ist, meiner »Datscha«, die nur durch den schmalen Streifen der Gemüsefelder, die wie Gärten anmuten, vom kilometerbreiten Fluss getrennt war, auf dem auch nachts große und kleine Lastkähne dahintuckern und das Wasser einem silbrig glänzenden riesigen Teppich gleicht.*

*Selbstverständlich, zärtlich, wunderbar.*

*Das Frühstück am Morgen: Nähe, Freude, Wärme, Spaß.*

*Brot zum Frühstück? Wie seltsam! Gefilterter Kaffee? Wie umständlich! Warum soll die Aprikosenmarmelade nicht auf den Honig? You have to teach me. It is my first time. Wir lachen, wie lange ist Glück genießbar? Schnell, die Zeit läuft, es sind nur noch 20 Minuten, bis der Arbeitstag beginnt! Zeit genug, lächelt David.*

*Seine Augen sind wie ein Spiegel: Ich erkenne jetzt das junge Mädchen, dessen Schönheit mir einst hinter Zweifeln und Ängsten verborgen geblieben war.*

*Ich bin aus dem dahinbrausenden Lebenszug ausgestiegen und habe eine Weile Station gemacht, habe Erfahrenes und Ersehntes angetroffen. Ist es jetzt an der Zeit, wieder einzusteigen?*

*Ich kann dein Lächeln sehen, sagt David zum Abschied, es ist in meinen Augen, auch dann, wenn ich sie schließe, ich werde wissen, wann du traurig bist und wann du lachst.*

# Kapitel I:

# Eine andere, aber nicht mehr ungewöhnliche Beziehung

## Der Wettstreit des Alters mit der Liebe

Die Anzahl der Paare mit dem »verkehrten Altersunterschied« steigt kontinuierlich an. In jeder fünften deutschen Ehe, so der Befund des Statistischen Bundesamtes, ist mittlerweile der Bräutigam jünger als die Braut, bei jeder dritten Ehe beträgt der Altersunterschied mehr als fünf Jahre, und bei 40-Jährigen traut sich jede Zweite mit einem Jüngeren. Zu dieser Statistik gilt es, die Paare, die unehelich zusammenleben, hinzuzuzählen. Es werden viele sein, auch wenn es keine offiziellen Zahlen gibt. Kennt nicht fast jeder in seinem Umfeld ein solches Liebespaar? Es spricht sich herum, weil es »anders« ist: Die Frau ist älter als er. Der Jüngere des Paares ist der Mann. Gehört nicht die jüngere Frau zum älteren Mann? Heißt das, die geltende Norm wird auf den Kopf gestellt? Das stimmt. Aber doch nur in Bezug auf das Alter. Die Liebe sollte davon nicht betroffen sein. Denn die Liebe ist gesellschaftlich akzeptiert für die Wahl eines Partners. Liebe begründet nicht nur Beziehungen, sie rechtfertigt sie auch. Weil eine Verbindung aus Liebe als Idealform einer Beziehung gilt, scheint das Konzept Liebe geeignet, für jedes Paar gesellschaftliche Legitimation und Anerkennung zu versprechen. Dem Ideal nach hätten damit andere Regeln der Partnerwahl untergeordnete Bedeutung.

Dennoch ist das Alter, das man gerne vernachlässigen möchte, die Ursache für eine eigene Dynamik, die die Liebesbeziehung zwischen einer Frau und einem jüngeren

Mann bestimmt. Verantwortlich dafür ist im Wesentlichen die vorherrschende Einstellung unserer Gesellschaft, die von dem Muster der konventionellen Alterszusammensetzung einer Beziehung zwischen einer Frau und einem älteren Mann als Norm nicht abzuweichen imstande zu sein scheint. Längst geht es dabei nicht mehr um das archaische Argument, die traditionelle Alterszusammensetzung sei notwendig, weil nur die junge Frau hohe Fruchtbarkeit verheißt und so den Fortbestand der Menschheit sichern kann. Die traditionelle Rollenteilung des älteren Versorgers und der Frau, die drinnen im Haus schaltet und waltet und die Kinder erzieht, ist ebenfalls keine zwingende Begründung mehr. Und auch das Überlegenheitsmodell bei der Partnerwahl bröckelt, wonach ein Mann der Frau voraus sein soll, an Geist, Status, Reichtum, Körperkraft und eben auch an Jahren. Emanzipatorische Erfolge der Frauen haben längst unsere gesellschaftliche Landschaft in Bewegung versetzt: Wir verzeichnen heute in unserer westlichen Welt ein buntes Miteinander von Frauen und Männern in jedem öffentlichen Bereich. Da stellt sich die Frage, ob – wenn es ins Private geht – für eine Liebesbeziehung noch immer eine Norm gelten soll, die als überholt betrachtet werden kann?

Die Nichtbeachtung dieser Norm ist die Basis für das »andere« Liebespaar, mit dem sich dieses Buch beschäftigt. Da sich ihre Liebe vor dem Hintergrund des in unserer Gesellschaft als »normal« definierten Paares »Mann älter als Frau« abspielt, werde ich das Paar mit dem »anderen« Altersunterschied immer wieder einmal mit der Norm vergleichen, weil dadurch die gesellschaftlich erzeugten Konflikte und Probleme klarer zu erkennen sind.

Das Alter kann man nicht verändern. Der Altersunterschied eines Liebespaares bleibt auf immer unverändert. Niemand kann mit Siebenmeilenstiefeln schneller durchs Leben gehen, weder vorwärts noch zurück. Wir altern alle im gleichen Schritt. Aber doch sehr individuell. Das liegt manchmal an den Genen, Einfluss nimmt aber auch die Lebenseinstellung, die Neugier aufs Leben, die Flexibilität, die Lust, etwas Neues zu wagen. Eine Person, die ein bestimmtes Lebensalter hat, kann daher durchaus als altersuntypisch gelten. Aussagen wie etwa »Das hätte ich nicht gedacht, dass sie schon so alt ist« sind oft zu hören. Es mag am Aussehen liegen, manchmal lediglich an der Stimme, die jung klingt, oder am Lachen, am lebhaften Erzählen, und dann, wenn körperliche Leistungen im Spiel sind, etwa bei Sportarten, die eine ältere Person »wie ein junger Mensch« absolviert.

Weil wir unterschiedlich altern, könnte der kalendarische Altersunterschied seine trennende Bedeutung für das unkonventionelle, das »andere« Liebespaar verlieren. Denn abgesehen vom Alter, den tatsächlichen Lebensjahren, gibt es keine Unterschiede, die nicht zu überbrücken wären. Alles, was als trennend empfunden wird, liegt entweder in der gesellschaftlichen Bewertung der Lebensjahre und der normativen Vorstellungen einer Paarbeziehung zwischen Frau und Mann begründet, oder in der individuellen (Un-)Fähigkeit der Personen, eine Beziehung gestalten und leben zu können. Die Herausforderung ist, das, was als trennend empfunden wird, zu überbrücken. Dazu braucht es zwei gleich starke Persönlichkeiten. Wenn eine Frau und ihr jüngerer Partner eine ernsthafte Beziehung eingehen, werden sie sich selbst und einander beweisen (wollen), dass sie sich von der Wirkung des mit Vorurteilen und traditionellen Forderungen beladenen »anderen« Altersunterschieds befreien können. Das schaffen sie kraft ihrer Liebe.

Fest steht, dass die Frau, die älter ist als er, in unserer Gesellschaft noch immer als »nicht normale« Partnerin für einen Mann betrachtet wird. Der Mann soll vielmehr der Ältere in einer Paarbeziehung sein. Er liebt die jüngere Frau. Das ist die Norm. Das Ideal aus grauer Vorzeit, als

Fortpflanzung der Sinn der Verbindung war. Zur Fortpflanzung braucht man die Liebe nicht.

Wird das Liebespaar, bei dem die Frau die Ältere ist, vor dem Hintergrund dieser Norm betrachtet, ist es natürlich »anders«:

Es ist »normal«, wenn sich ein Mann mit einer jungen Frau verbindet. Wenn er sie liebt oder sie nur als Schmuckstück will. Er kann mit ihr eine Familie gründen oder sie nur als Gefährtin im Alter im Auge haben. Auch wenn so mancher Zeitgenosse bei einem Altersunterschied von 40 Jahren den Kopf schütteln mag: Das Paar wird in Ruhe gelassen, mit einem Achselzucken vielleicht und der Bemerkung, dass man persönlich diese Wahl nicht treffen würde, aber als unmöglich wird sie nicht betrachtet und nur deshalb als zeitlich begrenzt erachtet, weil der Mann aller statistischen Wahrscheinlichkeit nach zuerst verstirbt. Sie wird auch nicht öffentlich als widernatürlich oder gar geschmacklos verspottet.

Wohingegen im anderen Fall, wenn eine ältere Frau sich mit einem jüngeren Mann verbindet, ihn liebt oder ihn nur als Schmuckstück oder aber als Gefährten fürs Alter wählt, es wahrscheinlich ist, dass sie innerhalb ihres sozialen Umfelds auf Ablehnung stößt – das kann bis an verächtliche Diskriminierung grenzen. Eines kann die Frau im fortgeschrittenen Lebensalter sowieso nicht: mit ihrem Partner eine gemeinsame Familie gründen, auch wenn er 40 Jahre jünger ist. Doch bringt sie die beste Voraussetzung mit, um mit ihm zusammen alt zu werden, weil sie, laut statistisch errechneten Prognosen, eine längere Lebensdauer als der Mann zu erwarten hat.

Der Volksmund spricht davon, dass die Liebe alle Schranken überwindet, eine Auffassung, die alle Liebenden vertreten. Das ist auch für das unkonventionelle Paar die Eintrittskarte für ihr Glück, das sich, ebenso wie bei traditionellen Paaren, im Alltag bewähren muss.

In den Medien wird uns heute vor allem die Frau im mittleren Lebensalter, etwa 40 bis 50 Jahre alt, vorgestellt. Ihr Partner ist mindestens eine Dekade jünger. Demi Moore, die 47-jährige amerikanische Schauspielerin, und ihr 16 Jahre jüngerer Ehemann Ashton Kutcher zum Beispiel fehlen seit ihrer Heirat vor fünf Jahren in keiner Reportage zu diesem Thema. Auch Nena, die deutsche Pop-Sängerin, gerade 50 Jahre alt geworden, und ihr zwölf Jahre jüngerer Ehemann Philipp Palm werden ebenfalls seit Jahren als »ungleiches« Vorzeigepaar bemüht. Die Liste ließe sich beliebig verlängern.

Im Alltagsleben sind jedoch Frauen fast jeden Lebensalters mit einem jüngeren Mann zusammen. Es kann die Frau mit Anfang 20 sein, und auch die Frau, die älter als 70 ist. Lediglich der Altersunterschied zum Mann variiert. Für die 20-Jährige wird es der zwei oder drei Jahre jüngere Mann sein, den sie liebt. Für die 70-Jährige kann es auch der 40 Jahre jüngere Mann sein, mit dem sie zusammenleben will. Für die Frau im mittleren Lebensalter gilt ein Partner, der bis zu fünf Jahre jünger ist, im Allgemeinen als »gleichaltrig« und zugehörig zur gleichen Generation.

Wie die Altersdifferenz wahrgenommen wird, ist unterschiedlich. Ich habe mich in diesem Buch auf Paare konzentriert, bei denen die Frau mindestens fünf Jahre älter ist als der Mann. Denn ein geringerer Altersunterschied wird von vielen betroffenen Frauen und Männern als vernachlässigbar und ohne Einfluss auf ihre Beziehung empfunden.

Zweifellos ist eine Liebesbeziehung, in der die Frau älter ist als der Mann, kein Tabu mehr, wie sie es noch vor gut 30 Jahren war, als ich mich, damals 34 Jahre alt, mit einem 13 Jahre Jüngeren einließ, der mein zweiter Ehemann geworden ist. Auch die Bewertung der weiblichen Lebensjahre hat sich gewandelt. Die Mittdreißigerin als Frauentyp ist neu. Noch vor zwei, drei Jahrzehnten galt eine 30-jährige Frau entsprechend der Parole »Trau keinem über 30« als alt und im Denken festgefahren. Spätestens mit 30 war eine Frau verheiratet, kümmerte sich um den Nachwuchs und jobbte nebenbei. Oder sie war unverheiratet und Lehrerin. Heute steht die 30-Jährige mitten im Berufsleben und am Anfang einer Familiengründung. Sowohl das Erstheiratsalter als auch das Alter, erstmals Mutter zu werden, liegen in Deutschland derzeit bei Frauen im Lebensabschnitt zwischen 30 und 40. Hingegen wird die Frau ab 40 in der öffentlichen Meinung bereits an den Anfang der älteren Generation gedrängt, auch wenn ihr gefühltes Alter und ihre äußere Erscheinung gar nicht »älter« sind. Sie kann als »Junggebliebene« bezeichnet werden, die immer öfter zu hören bekommt, dass sie sich »für ihr Alter gut gehalten« hat. Die Gründung einer Familie hat sie im Allgemeinen schon hinter sich. Sie ist häufig auf Karrierekurs im Rahmen ihrer (lebenslangen) Selbstverwirklichung.

Probleme, die für Frauen ab 40 typisch sind in der Verbindung mit dem jüngeren Mann, können somit für die 30-jährigen Frauen unbedeutend sein.

Doch alle, die den anderen Weg zum Glück gehen, begegnen den Schwierigkeiten, die nicht nur von Außen lauern, sondern auch aus ihrer eigenen Verunsicherung kommen. Es sind die mit der Norm verbundenen Erwartungen und Einstellungen, die sich in Vorurteilen und Klischees dem »ungleichen« Paar gegenüber äußern. Mit ihnen muss sich das Paar auseinandersetzen.

Meine Gespräche mit vielen Frauen und deren jüngeren Männern machten deutlich, dass es noch stets die Frauen sind, die sich weitaus mehr Gedanken machen, wie die Beziehung mit einem jüngeren Partner wohl funktionieren könne. Es sind immer noch die Frauen, die selbstkritischer, unsicherer, beeinflussbarer von den Klischees und

Vorurteilen sind, die sich mehr von zeitgeistigen Auffassungen über Schönheit verwirren lassen, die wenig selbstbewusst an ihr hohes Alter denken, wenn es um die Vorstellung einer dauerhaften Beziehung zum jüngeren Mann geht. Fast alle glauben, sich nur ein »Glück auf Zeit« einzuhandeln. Und nicht wenige verabsäumen den ersten Schritt zu wenigstens einem versuchten Glück, wie die folgende Geschichte von *Irene*, 55, zeigt:

*»Er setzte sich neben mich, schenkte mir Wasser nach, fragte, ob ich mit ihm einen Ausflug mit dem Fahrrad machen würde. Er fand Vorwände, um mich zu berühren. Ich fühlte mich geschmeichelt, war belustigt und neugierig.*

*Dann ging er zu den anderen, die sich auf der Veranda unterhielten, küsste die beiden anderen Frauen, jünger als ich, liebkosend, raffiniert und berechnend. Ich versuchte diese Szenen nicht zu beachten, sah aus den Augenwinkeln jedoch, wie er mir rasch einen Blick zuwarf, um festzustellen, ob ich seine Vertrautheit mit den anderen gesehen, bemerkt und darauf reagiert hatte.*

*Seine dunklen Augen. Breite Schultern, ein wohlgestalteter Körper. Was für ein schöner Mann! Wenn ich auch nur zehn Jahre jünger wäre!*

*Ich wehrte mich gegen das, was ich empfunden hatte. Verschwendete keine Zeit damit, mir klarzumachen, dass es absurd war, denn das verstand sich von selbst. Aber ich sah mich gezwungen zuzugeben, dass ich mich ein bisschen in diesen jungen Mann verliebt hatte. Zweifellos gab er sich große Mühe, das zu erreichen. Ich hatte mich nicht ein einziges Mal neben ihn gesetzt, ihn angesprochen oder sonst etwas unternommen, um ihn anzuziehen.*

*Man hatte mir gesagt, dass er erzähle, er sei in diese Frau verliebt, die doppelt so alt sei wie er. Freilich, ich hatte geahnt, dass er auch in mich verliebt war. ›Verliebt‹, ein Wort, das vielseitig zu deuten ist. Es gibt so viele Schattierungen des Verliebtseins. Er hatte es gesagt, weil er wusste, dass man es mir zutragen würde. Mein Körper wurde von schrecklichem Verlangen erfüllt. Ich ging vor dem Haus, auf der Veranda, auf der Straße hinter dem Haus auf und ab, beinahe hätte ich mich ihm anvertraut. Doch immer wieder versperrte mir ein Wort den Weg: unmöglich.*

*Ich tröstete mich damit: Es ist nur eine Schwärmerei.*

*Betrachtete meine nackten Arme, noch wohlgeformt, aber schon erkennbar erschlaffend. Aber ich wollte weder daran erinnert werden noch darüber nachdenken müssen.*

*Ich wusste, dass es mir unmöglich wäre, den anderen sagen zu müssen, dass ich mich in diesen jungen Mann verliebt hatte. Egal wie flüchtig oder oberflächlich.«*

Vornehmlich wegen der hartnäckig haftenden Verunsicherungen wird der »andere« Weg zum dauerhaften Glück für die ältere Frau und den jüngeren Mann kein leichter sein. Die 40-jährige *Carolin* fühlt sich zum Beispiel angreifbar, weil sie die Ältere ist, und beschreibt dies beim Interview:

*»Es ist wie mit der Hautfarbe, man denkt immer, die Leute reagieren darauf mit vorgefassten Meinungen. So ist es auch, wenn ich die Ältere bin. Ich denke, weil ich älter bin als mein Partner, schauen sie mich doof an, tuscheln, machen sich lustig, sprechen über mich, unterhalten sich nicht mit mir und Ähnliches. Geht der Mann fremd, dann heißt es: klar, weil sie so alt ist. Oder wenn es Streit gibt, ist immer die ältere Frau Schuld usw.«*

Viele Frauen denken ähnlich wie Carolin und glauben, diesen selbst empfundenen »Makel« der Älteren nie loswerden zu können. Die Ältere in der Beziehung werden sie natürlich immer sein. Um mit den damit zusammenhängenden Ängsten besser zurechtzukommen, ist der jüngere Mann an ihrer Seite perfekt: Wie sich in den Gesprächen mit Frauen und ihren jüngeren Partnern bestätigen ließ, ist es hauptsächlich die Leistung des jüngeren Mannes, mit den Zweifeln seiner Partnerin aufzuräumen, sie zumindest zu entschärfen. Es gelingt ihm, sie davon zu überzeugen, dass die Tatsache, die Ältere eines Paares zu sein, für die Liebe keine Rolle spielt.

Der Jüngere schafft es, den Weg zum anderen Glück zu ebnen. Den Weg, den die Frau mit ihm gehen will. Denn andererseits sind es auch die Frauen, die sich heute die Freude mit dem jüngeren Mann nicht versagen wollen, die ein Recht auf Liebe und Lust einfordern. Nicht zuletzt argumentieren sie auf der Grundlage emanzipatorischer Errungenschaften, wonach es nicht länger angehen kann, die Liebe einer älteren Frau zu einem jungen Mann mehr zu missbilligen als diejenige eines alternden Mannes zu einer jungen Geliebten. Auch Frauen im fortgeschrittenen Lebensalter sind heute risikobereiter, wenn es um ihr persönliches Glück geht. Sie verlassen lieblose Partner konsequenter als früher oder trennen sich entschiedener, wenn die Liebe erkaltet ist.

Zur Konstruktion ihres individuellen Glücks fällt die Wahl der Frauen immer häufiger auf den jüngeren Mann. Die Beziehung zum jüngeren Mann ist eine Freiheit, die sie sich erobern. Eine Freiheit, mit der die heute 20- bis 40-jährigen Frauen bereits aufgewachsen sind. Mit ihr entdecken sie die eigenen Fähigkeiten und Chancen. Immer wiederkehrende Glücksmomente ermutigen sie, den Weg weiterzugehen, denn die Freiheit, einen jüngeren Mann zu lieben, birgt immer wieder Fallen. Und was die Zukunftsprognosen des »Glücks auf Zeit« anbelangt: Jedes Bild wird entworfen, man stellt es her und kann es auch wieder auflösen. Es ist ein Geschehen. Auch die zäh verweilenden

Vorurteile ändern nichts daran, dass die ältere Frau und der jüngere Mann als glückliches Paar längst Alltag geworden sind.

## Der Mann ist jünger und trotzdem auf Augenhöhe

Es ist keineswegs überraschend, wenn das Paar mit dem – im Vergleich zur Norm – »altersverkehrten« Unterschied heute sagt, es sei »normal« und doch »anders«.

»Wir lieben uns«, sagen sie. Und das ist auch bei jedem traditionellen Liebespaar so – also »normal«.

»Anders« sind sie, weil sie hinsichtlich des Altersunterschieds nicht der Tradition entsprechen.

Warum sie trotzdem gut zusammenpassen, haben sie nicht nur ihrer Liebe zu verdanken oder den Persönlichkeitsmerkmalen, den Charaktereigenschaften, die sie angezogen haben, sondern vor allem auch der Tatsache, dass ihre Lebensphasen gerade gut zusammenpassen. Das lässt sich auch aus *Nellys* Aussage erschließen:

*»Meine inzwischen 12-jährige Beziehung zum 13 Jahre jüngeren Partner ist eigentlich ganz normal, aber trotzdem kann man sie nicht vergleichen mit einer normalen Beziehung. Es kommt auf die Lebenssituation an. Ich wäre zum Beispiel nie mit ihm zusammengekommen in der Phase, als ich Kinder haben wollte. Und jetzt funktioniert die Beziehung nur, weil er keine eigenen Kinder haben will, denn ich habe meine Kinderphase abgeschlossen.«*

Nelly weist auf eine ganz entscheidende Voraussetzung für eine erfolgreiche Liebesbeziehung zwischen der Frau und dem jüngeren Mann hin: die unterschiedlichen Lebensalter spielen keine Rolle, wenn und weil die Lebensphasen oder »die Lebenssituation«, wie die 51-jährige Nelly es formuliert, zusammenpassen.

*Lori*, 34, spricht von der Gemeinsamkeit des Lebensgefühls:

*»Ich bin sehr aktiv, lebendig, quirlig, auch in der Sexualität. Da passe ich einfach viel besser zu einem jüngeren Mann. Ältere Männer sind so verunsichert in ihrem Sexualverhalten. Viel zu kompliziert. Sie erwarten, dass Frauen für all ihre Problemchen Verständnis zeigen.«*

Altersmäßig betrachtet ist die Verbindung der Frau mit dem jüngeren Mann eine asymmetrische Beziehung, die am Anfang ausgeglichen wird, weil sich die Lebenswünsche zu diesem Zeitpunkt ergänzen: Der Jüngere sucht die Erfahrene, Unabhängige; die Ältere sehnt sich nach mehr Idealismus, Romantik und Abenteuer. Der ältere Mann ist im mittleren Lebensalter im Allgemeinen in geordneten Bahnen, auf festen Karrierepfaden, scheut Risiken. Demgegenüber beginnt die Frau im mittleren Lebensalter gern, neue Wege zu suchen, sie ist experimentierfreudig, nicht zuletzt auch in der Sexualität.

In dieser Phase bietet ihr der ältere Mann zu wenig. Ihrem Lebenselan – den Bedürfnissen ihrer Lebensphase und ihrem Lebensgefühl – entspricht der jüngere Mann viel mehr.

Dazu kommt noch ein weiterer Aspekt: In Partnerschaften, in denen der Mann älter ist als die Frau, ist das Geschlechterverhältnis meist vom traditionellen Bild des besser verdienenden, Status vergebenden Mannes geprägt. Der Mann hat mehr Status, weil er älter ist und im Allgemeinen einen höheren beruflichen Erfolg aufweisen kann.

Trotz der Tatsache, dass die Emanzipation auch in der Wirtschaft längst Fuß gefasst hat, wird an diesem Bild immer noch festgehalten. Eine Umfrage bei den Hörerinnen und Hörern des Bayerischen Rundfunks im Januar 2010 zeigte beispielsweise, dass Männer zwar eine selbstbewusste, attraktive, tatkräftige Frau haben wollen, doch Karriere soll sie nicht machen, mehr verdienen schon gleich gar nicht. Dementsprechend hat die Frau als einziges gesellschaftlich anerkanntes Machtmittel in einer Beziehung zum Mann ihre Jugend, ein zeitlich begrenztes Gut.

Ist die Frau dagegen älter als der Mann, entsteht ein Machtgleichgewicht, denn dem Mann fehlen wegen seiner Jugend die ihm ansonsten zugeschriebenen Überlegenheitsmerkmale des höheren Status. Gleichzeitig wird die an sich unterbewertete Rolle der Frau durch ihre größere Lebens- und berufliche Erfahrung sowie Unabhängigkeit ausgeglichen. Auf diese Weise wird die »normale«, dem traditionellen Bild entsprechende Machthierarchie zwischen den Geschlechtern aufgehoben. Sehr zum Vorteil des nichttraditionellen Paares, denn Energien werden nicht mehr in Kämpfen gegen diese Hierarchie verbraucht, Freiräume werden geschaffen. Die Liebesbeziehung zwischen der Frau und dem jüngeren Mann kann somit leichter eine Partnerschaft auf Augenhöhe sein.

## Die gesellschaftlichen Veränderungen der letzten Jahrzehnte

Frauen, die einen jüngeren Mann lieben, verheimlichen dies heute nicht mehr. Sie brauchen sich und ihn nicht mehr zu verstecken. Dazu haben verschiedene Veränderungen in unserer Gesellschaft im Laufe der vergangenen Jahrzehnte beigetragen:

- Es hat sich eine größere Toleranz gegenüber einer Vielfalt von verschiedenen Beziehungsformen, wie etwa interkulturellen oder gleichgeschlechtlichen Paaren gegenüber entwickelt.

- Frauen der mittleren Lebensjahre sind geistig und körperlich jünger im Vergleich zu früheren Frauengenerationen. Dazu haben die höheren Bildungs- und beruflichen Möglichkeiten beigetragen sowie ein gesteigertes Bewusstsein für körperliche Gesundheit und seelisches Wohlbefinden.
- Frauen suchen immer weniger einen Versorger. Sie brauchen ihn nicht. Sie sind eigenständig, unabhängig, sowohl emotional als auch in ökonomischer Hinsicht.
- Für jüngere Männer sind emanzipierte Frauen kein Schreckgespenst mehr. Sie wachsen zunehmend mit einem Frauenbild auf, das kaum noch an die überkommene Rollenteilung von Frau und Mann erinnert, und flexiblere Lebensmodelle sind realistisch für sie.
- Auch nichtkonventionelle Formen der Partnersuche haben zugenommen. Im Internet etwa finden sich Partnervermittlungsseiten wie altersvorsprung.de und toyboywarehouse.com, die auf den Kontakt älterer Frauen mit jüngeren Männern spezialisiert sind.

Die Beziehung zum jüngeren Mann gilt jedoch noch immer nur als ein Trend. Das war auch vor 30 Jahren so. Rein statistisch wurde zwar auch damals die Einschätzung »lediglich ein Trend« durch die hohe Anzahl der Ehen von Frauen mit jüngeren Partnern widerlegt, im öffentlichen Verständnis wurde aber an dem Gedanken festgehalten, dass es sich nur um eine vorübergehende »Mode« handeln kann, die sich die in den Medien zitierten prominenten Frauen leisten können. Die Glamour-Welt war schon immer von der Norm entbunden. Und somit waren Stars wie Elizabeth Taylor, Joan Collins oder Zsa Zsa Gabor als Trendsetter ungeeignet, denn die »normale« Frau wurde und wird am »Normal«-Verhalten gemessen. »Normal« in diesem Sinne ist die Verbindung, bei der der Mann älter ist als die Frau. Für die Frau gehörte deshalb vor 30 Jahren noch sehr viel Mut dazu, sich klar zum jüngeren Mann zu bekennen.

An der tradierten Norm des »Mann-älter-als-Frau-Paares« hat sich bis heute wenig geändert. Aber die Bedeutung der Glamour-Welt hat sich gewandelt und somit auch deren Einfluss auf das Verhalten der »normalen« Frauen und Männer. Heute sind wirkliche Stars und Divas wie noch zu Elizabeth Taylors besten Zeiten äußerst rar. Die Barriere zwischen Künstlern und Publikum ist geschrumpft. Jeder Star und Halbwelt-Promi in Film, Fernsehen und Sport breitet sein Privatleben unverschleiert in den Medien aus. Unser Technologie-Zeitalter hat ganz neue Dimensionen und Wege geschaffen, um die Distanz zwischen den Prominenten und ihren Fans immer weiter zu reduzieren. Auch Prominente nutzen die neuen Online-Netzwerke wie Twitter, Facebook, MySpace oder YouTube, um mit ihrem Publikum zu kommunizieren. Sie gewähren Einblicke ins Privatleben, sie zeigen sich als ganz normale Menschen, die sie ja sind, und ihre einst so ungewöhnlich oder unkonventionell empfundenen Lebensmuster sind für alle nachvollziehbar und scheinbar leicht zu kopieren. Die Durchlässigkeit der Glamour-Welt vermittelt die Botschaft, sie sei jederzeit mit der Alltagswelt zu vermischen, die wiederum den Eindruck gewinnt: »Ihr seid wie wir.«

Eine solche Entwicklung trägt auch dazu bei, dass die Verbindung einer älteren Frau mit einem jungen Mann kein mutigerer Schritt mehr zu sein braucht, als es das Eingehen einer jeden Beziehung ist.

Viele Frauen, die in privaten Anzeigen, über Heiratsinstitute oder Partnerbörsen im Internet einen Partner suchen, wollen ganz gezielt einen jüngeren Mann kennen lernen. Einige Frauen haben sich aus einer unglücklichen Beziehung mit einem älteren Mann gelöst und glauben, ein jüngerer Mann würde ihrer Auffassung von Partnerschaft eher entsprechen oder ihrer Vorstellung von Freiheit und

Selbstverwirklichung, ohne dass sie auf einen Mann verzichten müssen. Bringt der jüngere Mann die Lösung aller Probleme? In gewisser Weise schon, sagen Frauen, die ich interviewt habe. Mit ihm sei es möglich, in einer Beziehung die Freiheit zu spüren, sie selbst sein zu können. So sein zu können, wie sie sein wollen. Um diese Freiheit müssen sie mit dem Jüngeren nicht mehr kämpfen.

Einen jüngeren Mann zu lieben ist natürlich nicht der einzige, aber ein möglicher Weg zum Glück. Er ist ein möglicher Beziehungstyp in unserer Gesellschaft, in der sich konventionelle Rollenmodelle zunehmend verändern. Frauen und Männer gehen Beziehungen ein, die nicht durch einen gesellschaftlich vorgegebenen Altersunterschied bestimmt werden.

## Das öffentliche Bild des Paares

Wenn die Tabuisierung der Verbindung einer Frau mit einem jüngeren Mann aufgehoben wird, sind die Vorurteile nicht zwangsläufig ausgeräumt. Es braucht den genauen Blick sowohl auf die Art und Weise, wie diese Paare in den Medien dargestellt werden, als auch auf das Paar selbst und sein soziales Umfeld, um festzustellen, dass die Frau mit dem jüngeren Mann nicht ganz so akzeptiert ist, wie der erste Blick es vermuten lässt.

Eine ältere Frau und ein jüngerer Mann werden vor allem in den Medien häufig noch als »ungleiches«, als »pikantes« Paar präsentiert, das eine »unmögliche« Liebe verbindet. Einzelheiten, Intimes und Klischeevorstellungen werden über sie verbreitet, zudem wird gerätselt und diagnostiziert, weshalb diese Frau ausgerechnet den Jüngeren – oder dieser Mann die Ältere – gewählt hat. Dabei gerät die ältere Frau in größeren Verruf, vor allem dann, wenn sie die Lebensmitte überschritten hat und der Jüngere erheblich jünger ist. Man geht nicht mehr so weit, ihr »Kindsraub«, »robbing the cradle«, vorzuwerfen – eine Bezeichnung aus den USA, die auf ein unrechtmäßiges Tun verweist. Dass er für sie nur ein »toyboy« sei, ein Spielzeug, mit dem sie sich eine Zeit lang vergnügt, wird dagegen noch häufig zitiert. Neu ist das in den USA geprägte Etikett »cougar« für die Beschreibung der älteren Frau, die einen Jüngeren liebt. Es ist ein umgangssprachlicher Begriff für Puma, auch übersetzt mit »Silberlöwin« in Anspielung auf ergrautes Haar, eine Raubkatze jedenfalls, die sich nimmt, was sie will. In den USA startete im Herbst 2009 eine Fernseh-Serie mit dem Titel »The Cougar Family«. Darin geht es um geschiedene Frauen im mittleren Lebensalter, die sich ihr Sexleben mit jungen Männern aufpeppen wollen. Sie wollen und holen sich das Gefühl, wieder und noch begehrt zu werden. Eine »cougar« ist demnach eine Frau, die sich einen jungen Mann »schnappt«, und diese Bedeutung ist bereits fester Bestandteil der Umgangssprache in den USA: Männer, die eine ältere Frau haben, sprechen nicht ohne Stolz davon, dass sie mit einer »cougar« zusammen sind. Die Frauen bezeichnen sich selbst schon auch als »cougar«, jedoch nicht ganz so stolz, eher im Verteidigungston, denn sie spüren sehr wohl, dass darin ein neues Etikett für eine Diskriminierung der älteren Frau mit dem jüngeren Mann versteckt ist.

Während »cougar« für Frauen über 40 benutzt wird und eine eher zweideutige Bedeutung angenommen hat, steht die Bezeichnung »Puma« für Frauen Anfang 30, die einen jüngeren Mann lieben. »Cougar« weist also stets auf die Frau im fortgeschrittenen Lebensalter hin, die mehr oder weniger alle altbekannten Klischees in sich vereint, sie ist die Frau, die Torschlusspanik hat, die zwanghaft nach der Jugend greift, die sich einen jungen Kerl »schnappt«.

Weil die Medien einen erheblichen Einfluss auf die öffentliche Bewertung der Beziehung haben, in der die Frau älter ist als der Mann, ist es aufschlussreich, sich auch einmal die Filme zu diesem Thema anzuschauen.

In dem seit Anfang 2010 gezeigten Film »Die Affäre« (mit Kristin Scott Thomas und Sergi Lopez, Regie: Catherine Corsini) wird eine Geschichte von Lust und Verlangen erzählt, vom Erwachen einer gutbürgerlichen Frau mittleren Alters, die sich zu einem jungen Bauarbeiter hingezogen fühlt nach dem Muster: Reife Frau leistet sich jungen Kerl.

Richtig, es geht in diesem Fall nicht nur um das »verkehrte« Altersgefälle, sondern auch um das Überschreiten von Standesgrenzen.

Manche von uns erinnern sich noch an die Liebesgeschichte der Hollywood-Legende Elizabeth Taylor, damals 61, mit ihrem 20 Jahre jüngeren Bauarbeiter Larry. Das war kein Film, sondern wirkliches Leben. Das sei Liebe?, amüsierte sich der Blätterwald. Einer solchen »unstandesgemäßen« Beziehung wird bis heute unterstellt, sie würde hauptsächlich auf sexueller Anziehung basieren. Vor allem, wenn der Mann jünger ist.

»Die Affäre«, so analysiert die Filmkritik, sei die Geschichte einer Frau, die ihre bürgerliche Existenz für eine Liebe aufs Spiel setzt, die kaum eine Zukunft haben kann. Die Vorurteile gipfeln in der Unterstellung, die Beziehung einer verheirateten Frau zu einem jungen Liebhaber könne niemals wahre Liebe sein.

Das zeigte schon der heute als Klassiker geltende Film »Die Reifeprüfung« von 1967 mit Anne Bancroft und Dustin Hoffman, indem am Ende dann doch die gesellschaftliche Normalität wiederhergestellt wird: Der verführte junge Mann überwindet »die böse alte Verführerin«, verliebt sich in die junge Frau, die er dann auch heiratet. Nichts anderes spiegelt der Film »Die Affäre« wider. Im Jahr 2010.

Der im Dezember 2009 in den deutschen Kinos angelaufene Film »Lieber verliebt« mit Catherine Zeta-Jones und Justin Bartha hingegen bietet ein versöhnlich-offenes Ende der Liebesgeschichte zwischen der 40-jährigen Sandy und dem 25-jährigen Aram an. Sandy hat ihren untreuen Gatten verlassen und zieht mit ihren zwei Kindern nach New York. Sie trifft in einem Café den jungen Aram und engagiert ihn als Babysitter. Er erweist sich als fürsorglicher Betreuer, verliebt sich schließlich auch in die Mutter. Und bald passiert, was Freunde und Familie als Vergnügen mit Verfallsdatum, Sandy und Aram aber als ernsthafte Option betrachten: Sie werden ein Paar. Nach einer Eileiterschwangerschaft kommt es bei Sandy zur Krise und sie beendet die Beziehung. Nicht weil sie sich ihrer Liebesgefühle nicht sicher wäre, sondern weil sie dem Klischee verhaftet ist, dass Frauen in ihrem Alter mit jüngeren Männern zwar Spaß haben können, sie aber nicht heiraten sollten. Aram bewältigt die Trennung auf eine reife Art: Er geht »in die Welt hinaus«, um das Leben kennen zu lernen, um unabhängig zu werden und zu beweisen, dass er Verantwortung übernehmen kann – er adoptiert ein Waisenkind. Als er – zurück in der Heimat – Sandy mit ihren Kindern zufällig in einem Restaurant wiedertrifft, ist der Zuschauer des Films überrascht von der Innigkeit, mit der sich Sandy und Aram begegnen, und der Begeisterung, mit der Sandys Kinder Arams kleinen Adoptivsohn augenblicklich ins Herz schließen. Es sieht so aus, als gäbe es für ihre Liebe noch eine Chance: Die Szene vermittelt den Eindruck, Sandy erkennt und anerkennt, dass Aram die Entwicklung zur Unabhängigkeit durchgemacht hat, sie stehen sich nun auf gleicher Augenhöhe gegenüber. Wie schon der Volksmund weiß, dass eine glückliche Zweisamkeit nur funktioniert, wenn auch ein glückliches Alleinsein zum Erlebnishorizont gehört, lassen Sandys und Arams Blicke vermuten, dass es nun möglich wäre, ihre Liebe zu leben, auch wenn sie sich nicht nach gesellschaftlichen Regeln oder Normen fassen lässt.

Die meisten Menschen, um ihre Einschätzung zur Zukunft dieser Paare befragt, beharren auf der Meinung, dass es sich nur um ein »Glück auf Zeit« handeln kann. Die Verbindung bleibe eine Episode, sei ein verliebter Ausnahmezustand ohne Aussicht auf eine tragfähige gemeinsame Zukunft, heißt es. Im Allgemeinen wird gern an die Verantwortung der Frau appelliert. Wenn sie ihren Spaß gehabt hat und im Idealfall dem Jüngeren helfen konnte, seine Richtung im Leben zu finden, dann ist es an der Zeit, ihn ins »wirkliche Leben« zu entlassen. Auf das eigene Glück zu verzichten. Dramatisch beschwört dies der Kultfilm »Harold and Maude«, der 1970 zuerst in die Kinos kam. Maude muss sich laut Drehbuch das Leben nehmen, um den Weg für den so aufrichtig verliebten Harold freizugeben für das, was seine Eltern, andere Verwandte, »die Gesellschaft« von ihm erwarten: eine junge Frau soll er heiraten, Kinder zeugen. Maude hat Harolds Liebe, die Grenzverletzung eines Tabus, mit dem Leben bezahlt. Denken wir nicht, eine derartig radikale Verzichtserklärung sei heute überwunden? Dann schauen Sie sich einmal den aktuellen (2010) Film »Couchgeflüster« an, ein Film, der es durchaus auch zum Kultfilm schaffen könnte. Es ist eine romantische, durchaus vorstellbare Liebe zwischen der 37-jährigen Rafi und dem 23-jährigen David. Die Stationen ihrer Liebe sind nachvollziehbar: vom zufälligen Kennenlernen über generationssprich: altersbedingte Missverständnisse und Fehltritte, typisch ablehnende Reaktionen von Freunden und Familienangehörigen, bis klar wird, dass alle Merkmale einer tiefen Liebe vorhanden sind. Das ist das Stichwort für den Bruch: Wenn David sich aus Liebe zu allem bereit fühlt, sogar zur Vaterschaft, glaubt Rafi plötzlich, die große Verantwortung für ihn übernehmen zu müssen. Sie beschließt, auf ihn, auf seine Liebe, auf ihre gemeinsame Zukunft zu verzichten. Es ist ein herzzerreißendes Ende. Untermalt von einem Song, dessen Refrain lautet: »I wish you love, I set you free«, »Ich wünsche dir Liebe, ich gebe dich frei«. Die Schlusssequenz des Films – der Austausch von liebevollen, erinnerungsschwangeren Blicken, bevor er seiner Wege geht – ist gleichermaßen traditionell wie das Ende bei »Harold and Maude«, wenn nicht noch viel verstörender, weil seit »Harold and Maude« 40 Jahre vergangen sind. »Couchgeflüster« ist geeignet, Frauen mit Schuldgefühlen zu füttern, wenn sie sich in einen Jüngeren verlieben: Sollte ich nicht, weil ich die Ältere bin, oder gar muss ich nicht, weil er so jung ist, die Klügere sein und ihm ein »normales« Leben ermöglichen: ein Leben, in dem alles »stimmt«, standes-, religions- und vor allem altersmäßig?

Sowohl im Film »Harold and Maude« als auch in »Couchgeflüster« sieht das Drehbuch vor, dass die Frauen allein die Entscheidung für oder gegen die Beziehung treffen, der jüngere Mann hat sich in diese ihre Entscheidung zu fügen. Soll es ein Lob auf die starken Frauen sein? Ist es Stärke, auf Liebe zu verzichten, nur weil für bestimmte Lebensalter bestimmte Lebensweisen als richtig gelten?

Es heißt, Liebe mache blind. In Gegenwart geliebter Personen sollen Gehirnregionen ausgeschaltet werden, die für soziales Urteilsvermögen und kritische Beurteilungen zuständig sind. Frauen wie Maude und Rafi widerlegen in der Filmstory jedoch diese Erkenntnis, indem sie »vernünftig« – das heißt, der gesellschaftlichen Norm angepasst – handeln.

Frauen, die ich interviewt habe, beweisen allerdings, dass ihr Verstand sie nicht dazu zwingt, der Liebe zum jüngeren Mann keine Chance zu geben. Denn es gibt doch immer wieder Menschen, denen öffnet die Liebe die Augen.

# Kapitel II:

# Der junge Mensch ist in unserer Kultur der attraktivere Partner

## Die Sehnsucht nach Jugend

Die Sehnsucht nach Jugend gilt für alle Menschen. Also auch für die Frauen.

Jugend ist ein Symbol für Schönheit, ist Sinnbild selbstvergessener Liebe, tiefster Gefühle und allumfassender Leidenschaft. Jugend ist unverbraucht, begeisterungsfähig, verspricht Spontaneität und Spannung.

Jugend weckt vor allem Sehnsüchte: nach einer vergangenen Welt, vielleicht einer neuen Chance. Denn Jugend heißt am Anfang stehen und sich das Leben erobern. Jugend ist Zukunft.

Jugend aber ist vergänglich.

Das ist eine Wahrheit, die, wie jede Wahrheit, verschleiert, verbogen, beklagt, bekämpft, vorgetäuscht oder auch geleugnet werden kann. Sie zu akzeptieren wird in unserer Gesellschaft immer noch eher von der Frau erwartet als vom Mann. Frauen heute wehren sich dagegen. Sie haben den Begriff der Jugend erfolgreich erweitert, gemäß dem altbekannten Spruch »Man ist so jung, wie man sich fühlt«.

Wählt die ältere Frau einen jungen Partner, gerät sie allerdings ganz schnell an die Grenzen dieser optimistischen Definition. Sie bekommt von ihrem Umfeld häufig zu spüren, was (im Sinne der Norm) von ihr erwartet wird: Sie soll sich nicht nach Jugend umschauen – es steht ihr nicht zu. Sie soll sich nicht nach Jugend sehnen – obgleich die »kosmetische Chirurgie« munter Geschäfte mit ihr machen will – und schon gar nicht einen jungen Mann begehren: Sie macht sich lächerlich. Ihr Zugriff auf den jungen Mann wird ihr mehr oder weniger deutlich als Angriff auf Verbotenes angelastet. Frauen reagieren unterschiedlich auf Appelle dieser Art. Die einen sind eingeschüchtert, andere versuchen, sich selbstbewusst darüber hinwegzusetzen. Als Vergleich kennen Frauen ein anderes Verhalten, das seit jeher alternden Männern zugestanden wird: Die schauen sich nach Jugend um, sehnen sich danach und können, dürfen eine junge Frau begehren. Niemand wundert sich, wenn ein 60-jähriger Mann dem Charme einer 20-jährigen verfällt oder ein ergrauter Professor eine leidenschaftliche Affäre mit einer seiner Studentinnen beginnt.

Doch ist es nicht natürlich, dass der Blick auf einen jungen Männerkörper auch für Frauen reizvoll ist?

Einen jungen Mann zu begehren wird von Frauen allerdings selten ungehemmt zur Schau gestellt, wie dies zum Beispiel die Pop-Ikone Madonna tut. Sie sagt: Es muss nicht immer Liebe sein. Die pure Lust auf Jugend erfasst auch eine Frau.

## Frauen haben den jungen Mann im Blick

Wünsche regen die Fantasie an, zaubern Glanz in die Augen, röten die Wangen, schärfen den Blick, mit dem wir die Umwelt betrachten. Frauen jeder Altersstufe empfinden hübsche junge Männer als Augenweide. *Bettina,* 49, erzählt beim Interview:

*»Wenn ich unter Menschen bin, gucke ich tatsächlich nach jüngeren Männern. Auf der Straße, im Restaurant, beim Sport. Alles, was älter ist, fällt aus diesem Raster.«*

Frauen im mittleren Lebensalter halten es für normal, dass sie ein junger Männerkörper »anmachen« kann. »Deinen Mann«, sagte zum Beispiel eine Freundin zur 40-jährigen Annette, die einen 13 Jahre jüngeren Partner hat, »würde ich auch nicht von der Bettkante weisen.« Ein typischer Hinweis ist auch die Geschichte der 47-jährigen Anke, die sich an ihre Affäre mit Angelo, 25, auf Mallorca erinnert. Sie begann am Strand, unter Sternenhimmel, mit Musik, die von den Strandcafés herüberwehte, und dem leisen Grollen der Brandung. Anke kehrte etliche Jahre immer wieder im Urlaub zurück, um »diesen jungen Mann, von dem ich gar nicht genug bekommen konnte« wiederzusehen. Bis er sie eines Sommers mit der Nachricht überraschte, dass er seine junge Verlobte ehelichen wird. »Er war für mich ein Urlaubsflirt. Die pure Lust und Energiequelle. Eine engere Beziehung hatte ich sowieso nie im Sinn«, sagt Anke. Das ist die Wahrheit, aber gleichzeitig eine Rechtfertigung, um die Enttäuschung abzumildern, die mit dem Verlust der puren Lust verbunden ist.

Wie Anke lebt eine erhebliche Anzahl von Frauen ihre Lust am jungen Mann nicht in ihrem vertrauten Umfeld aus, sondern in einer fremden Umgebung und in einer vom Alltag getrennten Situation, wie etwa im Urlaub. In vielen südlichen Ländern gehen junge Männer ganz gezielt auf ältere Frauen zu. Liebe mag bei den wenigsten das Motiv sein. Für die Frauen wiederum ist eine Urlaubsaffäre auch nicht als Suche nach einer festen Beziehung gedacht. Sie treibt die Lust am jungen Mann.

Allerdings »gönnen« sich nicht alle Frauen den jungen Mann, auch wenn sie von ihm träumen. Einen Grund für ihre Zurückhaltung nennt die 55-jährige *Sophie:*

*»Manchmal träume ich davon, mir einen jungen Kerl zu schnappen, etwas zum Knuffen und zum Spielen. Einen jungen Mann, den ich gern anschaue.« Doch sie räumt ein,*

*es beim Träumen zu belassen, denn »ehrlich gesagt, fühle ich mich in meiner Haut nicht so wohl, dass ich mich so einem jungen Körper anbieten will.« Sophie meint, wie so viele Frauen, um sich mit einem jungen Mann einzulassen, brauche man »ein starkes Selbstbewusstsein«.*

Wenn es darum geht, sich einen jüngeren Mann »zuzutrauen«, spielt vor allem das Bild, das man vom eigenen Körper hat, eine große Rolle. Die amerikanische Gender-Forscherin und Soziologin Wendy Chapkis weist zum Beispiel darauf hin, dass es ohne lustvolle Selbstbewunderung – eine der unabdingbaren Voraussetzungen für guten Sex – schwer sei, ein starkes Selbstgefühl zu entwickeln.[1] Zugegeben, die lustvolle Selbstbewunderung des eigenen Körpers fällt leichter in einem jugendlichen Alter.

Doch gerade Frauen im mittleren Lebensalter fühlen sich oft schön und unwiderstehlich, voller Energie und Selbstbewusstsein oder »voll im Saft«, wie es beispielsweise *Julia*, 52, ausdrückt: *»Vor etwa zehn Jahren fühlte ich mich sozusagen voll im Saft, da hatte ich eine Phase, in der ich sicher war, ich könnte jeden Mann haben.«* Das bestätigt auch *Anja*. Als sie 41 Jahre alt war, flirtete sie heftig mit jedem Mann, der sie interessierte. *»Es war ein spannendes Spiel«*, erinnert sie sich. Viele Frauen im mittleren Lebensalter berichten von einem Hochgefühl und der Zuversicht, alles erreichen zu können, was sie nur wollen. Sie glauben, dass sich nichts auf Dauer in ihren Weg stellen könnte. Die Herausforderung bei diesem »Spiel« ist der junge Mann. Anja hat damals die ersten Kontakte zu Moritz geknüpft. Sie sind inzwischen ein Paar. Er ist 16 Jahre jünger als sie. Sie sagt, sie konnte sich damals auch vorstellen, sich nur für eine Affäre mit Moritz zu entscheiden, eine verwegene Mrs. Robinson zu sein und diesen jungen Mann als »Liebessklaven« zu gewinnen. Sie war ja eine selbstsichere, selbstständige Frau.

Den Frauen, über die in diesem Buch berichtet wird, ist die Jugend des Mannes allein freilich zu wenig, um ihn als Partner zu lieben. Die 48-jährige *Alexandra* erklärt es so:

*»Seine Jugend hat mich schon fasziniert. Aber ausschlaggebend war, dass er ein spannender, interessanter Mensch war. Er ist neugierig wie ich auf das Leben, wir haben gleiche Ansichten, gleiche Einstellungen entdeckt. Wir sind ein tolles Team. Was nützt es mir, wenn er zwar einen knackigen Hintern, aber sonst wenig zu bieten hat?«*

## Der Mythos der erotischen Lehrmeisterin

Die Lehrmeisterin, die den jungen Mann in die Geheimnisse der Liebe unterweist, ist immer eine ältere Frau. Sie gehört zum Bestandteil erotischer Fantasien und kehrt auch in der Literatur immer wieder. Sie trifft auf einen Mann, dessen Spontaneität und Jugendlichkeit ihn mit dem Zauber des Unerfahrenen in hohem Grad verführbar machen. Man denke etwa an Fieldings Abenteuer des »Tom Jones«, an Flauberts »Madame Bovary«, Balzacs »Verlorene Illusionen«. An Colettes »Chérie« oder auch an Bernhard Schlinks »Der Vorleser«. Oder Stendhals Roman »Rot und Schwarz«, in dem Madame de Renal im Angesicht der Angst vor der Entdeckung ihrer Beziehung zum zehn Jahre jüngeren Julien gesteht: »Du bist jung, du wurdest von mir verführt. Der Himmel kann dir noch verzeihen, ich aber bin verdammt.« Doch da sie von ihm lässt, wird auch ihr vergeben. Vom Ehemann.

Die Frau in der Rolle der sündigen Verführerin, die bestraft werden muss, ist ein Thema, das nicht nur in der Literatur zu finden ist. Es ist Teil der Alltagserfahrung, taucht in den Sensationsberichten der Medien auf, wenn etwa eine Lehrerin sich in ihren Schüler verliebt und deshalb büßen muss oder eine Politikergattin einen jungen Geliebten beruflich fördert und dafür vom Ehemann und der Öffentlichkeit verdammt wird.

Für den jungen Mann nimmt die ältere Frau, die ihm Aufmerksamkeit und Zuneigung entgegenbringt, eine prägende Rolle ein. Sie ist die Frau, die dem noch unerfahrenen jungen Mann Wissen in Bezug auf seine Männlichkeit erschließt. Sie wird kaum je vergessen, denn *»der erste Sex mit einer erfahrenen Frau ist natürlich besser als der mit einer unsicheren Gleichaltrigen oder Jüngeren«*, erläutert zum Beispiel der 35-jährige *Jens*. Er hätte sich unwohl gefühlt bei einer Frau, die ihn in eine Rolle gedrängt hätte, in der er noch unerfahren ist.

Wenn junge Männer ihre Sexualität entdecken, träumen viele davon, von einer »richtigen« Frau geliebt zu werden. Wie dies beispielsweise auch in einem alten Song von Peter Maffay zum Ausdruck kommt: »… ich war 16 und sie 31 …« Er beschreibt eine Art Initiationsritual. »Danach fühlst du dich wie ein richtiger Mann«, sagt der Schüler.

Es kommt nicht von ungefähr, dass vorwiegend die Frau im mittleren Lebensalter als Lehrmeisterin in Sachen Sex und Erotik gehandelt wird. Nicht nur die in vielen Lebensjahren erworbene Erfahrung der älteren Frau ist ein Grund, vielmehr spielt eine Rolle, dass sich die weibliche Sexualität erst in der dritten Lebensdekade voll entfaltet. Ab Mitte 30, sagen Sexualwissenschaftler, beginnen die besten Jahre der weiblichen Lust. Die ältere Frau wird somit zur Erfahrenen, die den jungen Mann lehrt, was es mit der Sexualität auf sich hat, und ist gleichzeitig die ausgereifte Genießerin ihrer Lust, die einen Standard setzt, an dem der junge Mann seine späteren Geliebten und auch sich selber messen wird.

Entgegen der weit verbreiteten Annahme, die Frau habe in der Verbindung mit dem jüngeren Mann den Part der erotischen Lehrmeisterin inne, berichten die von mir interviewten Frauen, diese Rolle hätten sie nicht übernommen. Sie sagen, ihre jüngeren Partner bräuchten keinen Nachhilfeunterricht in Sex. Vielmehr gebühre ihnen der Rang des Lehrmeisters, worauf beispielsweise auch die Aussage von *Anke*, 40, Partnerin von Max, 26, hinweist:

*»Ich hatte noch nie so guten Sex wie mit ihm. Die Leidenschaft, die er entfacht hat, ist wie ein Feuer über mich hereingebrochen. Es grenzt an ein Wunder, wie gut er meine Bedürfnisse zu kennen scheint.«*

Vor allem Frauen in ihrer Lebensmitte betonen, dass der jüngere Mann viel eher als der Ältere ihrer sexuellen Aktivität entspricht. Männer erleben ihre sexuelle Blütezeit zwischen dem 20. und 30. Lebensjahr, behauptet ebenfalls die Sexualwissenschaft. Daher können Frauen über 30 mit Männern unter 30 den besten Sex genießen, verglichen mit allen anderen Alterskombinationen. Dass Frauen weit ins hohe Alter hinein sexuell aktiver bleiben (können) als Männer, ist auch kein Geheimnis mehr.

Und ja, sagen die Frauen, es stimmt. Die Lust auszuleben macht einem der jüngere Partner leichter. Er hat noch keine festen Muster im Kopf. Er ist bereit zu experimentieren. Mit dem Jüngeren macht Sex einfach großen Spaß.

Das liegt nicht nur an der bestimmten Alterskonstellation, in der sich die sexuellen Leistungskurven von Frau und Mann ergänzen – der jüngere Mann bleibt schließlich nicht immer »unter 30«. Es liegt auch an den nicht festgelegten Rollen, ein für diese Verbindung typisches Merkmal. Die 38-jährige *Britta* sagt zum Beispiel:

*»Ich hatte früher auch tollen Sex. Aber mit einem älteren Mann ist es anders, da geht es doch auch um die Quantität und um ein Bemühen. Und um die ständige Frage: War ich gut, wie gut und Ähnliches. Mit meinem jüngeren Freund gibt es diese Art von Kontrolle nicht mehr. Es stellt sich*

*überhaupt nicht mehr die Frage, ob ich gut bin oder ob er gut ist. Oder wie oft es denn sein müsse. Ich fühle mich überhaupt nicht mehr unter Leistungsdruck, ich kann einfach genießen, fühle mich frei und erlebe eine nie gekannte Leidenschaft.«*

Dieses Gelöstsein oder auch Losgelöstsein von Ängsten oder Erwartungen, die zu erfüllen sind, befreit auch ihn.

*»Er ist unglaublich zärtlich, verspielt und so selbstverständlich potent und sicher in allem, was er im Bett tut.«*

Die »erotische Lehrmeisterin«, sagen die Frauen, ist eine austauschbare Rolle, die immer flexibel bleibt in ihrer Beziehung zum jüngeren Mann. Andernfalls könnte ein Verhältnis, bei dem es Lehrerin und Schüler gibt, auf Dauer keine gleichwertige Beziehung sein.

# Kapitel III:

# Wenn sich die Ältere und der Jüngere begegnen

## Geplant hatten sie nichts dergleichen

Margas Lebensumstände verlangten eher nach einem älteren, gut situierten Lebensgefährten, wenn überhaupt nach einem. Sie war 34. Frisch getrennt vom Vater ihrer Kinder, verfolgte sie einst versäumte Bildungsabschlüsse. Nebenbei Geld zu verdienen war mühsam. Den Kindern trotzdem eine zur Verfügung stehende Mutter zu bleiben erforderte optimales Organisationstalent.

Hätte sie aktiv Zeit investiert, um einen Liebhaber zu finden? Wohl kaum. Dabei befand er sich fast schon vor der Tür. Jedoch noch weit davon entfernt, sich in eine ältere Frau zu verlieben. Das wäre schon eher seinem Bruder Leo gelungen, der nach Orientierungshilfe Ausschau hielt. Marga kannte Leo schon eine Weile.

Leo erzählte gern Familiengeschichten. Dabei war auch sein Name gefallen: Ben. Der Musiker der Familie. Knapp über 20. Querflöte spielte er und Schlagzeug. Statt Kaufmann, Programmierer oder Malermeister zu werden.

Es ergab sich eine Gelegenheit, ihn zusammen mit dem Bruder ein Stück im Auto mitzunehmen. Marga stieg aus dem Auto aus und Ben kam auf sie zu. Er war etwa einssiebzig, sein Körper war mager, er hatte zierliche Hände, ein schmales Gesicht, und sein krauses Haar hatte im Licht der Nachmittagssonne einen Anflug von Kupferrot.

Er sagte »Hi« zur Begrüßung und »Danke« zum Abschied. Sonst nichts. Marga fühlte sich eingeschüchtert von seiner unkommunikativen Art. Gleichzeitig war sie neugierig geworden. Nicht direkt auf ihn als Person, vielmehr auf diese ihr unbekannte Welt, die er vertrat.

Konversation mit Marga zu treiben wäre ihm damals lästig gewesen, sagte Ben später. Smalltalk war noch nie seine Art. Bekannte seines Bruders interessierten ihn kaum. Sie wirkte selbstbewusst, sachlich, gegensätzlich. Das machte ihn befangen. Hätte er irgendeinen Grund gehabt, ihr gegenüber freundlich zu sein, sich ihr zuzuwenden? Er hatte keinen gesehen.

Wenn sich eine ältere Frau und ein jüngerer Mann treffen, werden sie sich im Allgemeinen nicht gleich als mögliche Partner sehen. Meist treffen sie sich durch Zufall, denn Frauen gehen selten aus und suchen gezielt einen jüngeren Mann. Sicher, es gibt Ausnahmen, vor allem, wenn sie sich entschließen, per Anzeige nach ihm zu suchen. Zunächst richtet sich ihr Interesse jedoch auf den Menschen einer anderen Altersgruppe. Das Umdeuten ihrer Situation braucht Zeit.

Ben sagt zum Beispiel, im Laufe der folgenden Monate nach ihrem ersten Zusammentreffen sei ihm Marga immer wieder begegnet, ohne auf ihn zu achten. Er hätte nicht gewagt, sie anzusprechen, weil er sich nicht hätte vorstellen können, dass sie auch nur eine Stunde mit ihm hätte verbringen wollen, so anders verlief ihr Leben. In seinen Augen gehörte Marga zum etablierten Bürgertum, das er ablehnte.

Marga entschied sich, den ersten Schritt zu wagen. Sie wollte mehr über ihn erfahren, befragte Leo, wo sich Ben gern aufhalte, und wenn sie ihn dann »zufällig« traf, verwickelte sie ihn in ein Gespräch. Hin und wieder verabredeten sie sich auf einen Tee im Stadtcafé. Er erzählte von seiner Musik, seinen Freunden, seiner Lebensphilosophie. Es schien, als wäre ihm Margas Meinung wichtig. *Ben* erinnert sich: *»Sie konnte einschätzen, was ich sagte, sie hat mein Denken wirklich verstanden. Ohne irgendwelche*

*Spielchen.«* Das war eine Erleichterung, denn »Gefühlsduselei«, Vorspiegelung falscher Tatsachen, das empfand er immer schon als Beleidigung. Sie stellte Fragen zu seiner Person und verfolgte seine Erzählungen mit echtem Interesse. Es dauerte aber noch einige Zeit, bis Marga ihn in ihr Haus eingeladen hat.

Entdecken eine Frau und ein jüngerer Mann schon am Anfang ihrer Begegnung gemeinsame Interessen, kommen sie sich im Allgemeinen schnell näher. Wer sich beispielsweise beim Sport trifft oder sich auf einer Ausstellung begegnet, wer im Buchladen nach dem gleichen Buch greift, oder etwa beruflich miteinander zu tun hat, hat aller Wahrscheinlichkeit nach auch ähnliche Interessen. Im Allgemeinen stellt die ältere Frau den ersten Kontakt her, weil sie geübt und selbstbewusst genug ist, auf Menschen zuzugehen. Wenn der jüngere Mann sich für die Ältere interessiert, wird er diesen Kontakt aufnehmen und nützen. Davon erzählt zum Beispiel *Meike*, 57:

*»Ich habe Michael vor acht Jahren auf einem Fest kennen gelernt. Er war dort mit seiner Musikband engagiert, ich fand gut, was sie gemacht haben. Weil ich selbst auch Künstler engagiere, gab ich ihm meine Visitenkarte. Nach einiger Zeit meldete er sich, was sich gut traf, denn ich war gerade dabei, ein Theaterfest zu organisieren, und suchte eine musikalische Umrahmung. Also kamen wir ins Geschäft. Nach der offiziellen Veranstaltung unterhielten wir uns lange und verabredeten uns zum nächsten Wochenende in einer Diskothek, weil ich gern tanze. Wir kamen uns gleich sehr nahe und sind schon nach kurzer Zeit zusammengezogen. Uns hat das Kreative, die Lebensfreude gegenseitig angezogen und das Gefühl, dass wir zusammengehören.«*

Wenn Frauen nach einem Partner Ausschau halten, schließen sie dennoch den jüngeren Mann zunächst als möglichen ernsthaften Partner aus, selbst wenn er ihnen gefällt. Wie zum Beispiel *Marlene:*

*»Als ich Roland auf einem Fest meiner Freundin kennen lernte, fand ich ihn sofort sehr anziehend und liebenswert. Gleichzeitig habe ich gedacht, dass er als Freund oder Partner nicht infrage kommt, weil er so viel jünger ist. Das hab ich ja gesehen. Aufgrund seines Aussehens war mir klar, dass er mindestens zehn Jahre jünger ist.«*

Mit einem jüngeren Mann erschien ihr der Gedanke an einen engeren Kontakt ausgeschlossen. In diesem Fall musste sie, da er ihr ja gefiel, nach anderen Möglichkeiten suchen, um eine Verbindung zu ihm herzustellen und für sich rechtfertigen zu können. Die konkreten Schritte, die sie sich dazu überlegte, bewegten sich im Rahmen dessen, was mit ihrer Rolle als ältere Frau, die dem Mann unaufdringlich ihr Interesse kundtut, vereinbar war. Es galt auch, die Situation wieder unbeschadet verlassen zu können, falls dieses Interesse nicht erwidert würde:

*»Warum soll ich eigentlich nicht mal eine kameradschaftliche Freundschaft wie zu anderen Menschen haben, einfach jemanden kennen, den man gelegentlich sieht, an dessen Leben man ein Stück teilnimmt?«*

Mit diesen und ähnlichen Überlegungen suchte sie nach einer Rechtfertigung für ihren Wunsch, diesen jungen Mann nicht aus den Augen verlieren zu müssen. Ein jungenhafter, blonder Typ, angenehm selbstsicher, spricht lebhaft und gut formulierend. Spricht sie ganz selbstverständlich mit »du« an, es erleichtert ihm offensichtlich den Umgang, ohne in irgendeiner Weise anbiedernd zu sein. Seine Argumente hatten etwas Kämpferisches, ein bisschen Widerstandsverhalten, das ihr gefallen hat. Er ist dabei, das erkannte sie, seine Position des sich noch Entwickelnden zu verteidigen und sich da nicht unterkriegen zu lassen. Er prahlte nicht mit fertigen Lebensrezepten, hörte wirklich das, was sie ihm erzählte.

Sie spürte keinerlei reservierte Spannungen ihr, der Älteren, gegenüber. Dass er keine Schwierigkeiten hat im Umgang mit älteren Frauen, wirkte sehr überzeugend. Doch auch wenn das Etikett »ältere Frau« für sie selbst mit ihrer eigenen Person sehr wenig zu tun hatte, musste sie genau diese ältere Frau in seinen Augen sein. Sie wusste, dass sie selbst von den wohlmeinendsten jüngeren Menschen in ihrer Umgebung (als Lehrerin hatte sie genügend Erfahrung) in die Kategorie »reife Frau« eingeordnet wurde.

Die freudige Erregung dieser Begegnung hielt sie lange gefangen, wie sie überrascht feststellte, und ein bisschen bedauernd: »Schade, dass er so viele Jahre jünger ist.« Trotzdem glaubte sie ganz fest, er sei die richtige Person, die sie interessierte, eine menschliche Begegnung, die sie weiterverfolgen wollte. »Ich kann ja ins Theater gehen«, überlegte sie als Möglichkeit, den Kontakt zu halten. Er war ein junger Schauspieler und sie konnte nach der Aufführung auf ihn warten. Alles Weitere würde sich zeigen.

Wie wirksam die Lebenssituation des jüngeren Mannes als Ausschlusskriterium bei der Partnerwahl der Frau sein kann, zeigt sich vor allem dann, wenn sich die Frau eine Familie wünscht. Davon erzählt zum Beispiel *Ines*, 40. Sie war viel in der Welt herumgereist, ihr Beruf verlangte dies. Als sie mit 35 Jahren bereit war, sich ihren Lebenswunsch – die Familie – zu erfüllen, traf sie den zehn Jahre jüngeren Robert bei einem Fest auf einem bayerischen Bauernhof. Er war, sagt sie, *»einfach für mich das Bild meiner Jugendträume – der romantische Ritter. Er war riesengroß und hat halblanges Haar gehabt und einen Bart. Also rein vom Äußerlichen her war er die romantische Figur, von der ich schon als Teenager geträumt habe.«*

Zunächst nahm sie an, dass dieser Mann sowieso eine Freundin hat. Dies stellte sich jedoch als nicht zutreffend heraus. Zugleich erfuhr sie sein Alter, er war 25, und damit schien ihr die Möglichkeit, diesen Mann für sich zu gewinnen, genommen zu sein. Sie sagt:

*»Dann war er eben nichts für mich. Ich wollte gerne eine Familie haben und Kinder. Und ich dachte, dann ist das jetzt nicht der richtige Mann. Er hatte sein Studium noch nicht beendet, und ich konnte mir denken, dass er an einer Beziehung, so wie ich sie mir vorstellte, nicht interessiert war. Da hab ich mir was gewünscht, was ich aber nicht mit diesem Mann verwirklichen zu können glaubte, auch wenn er mein Traummann zu sein schien.«*

## Bin wirklich ich gemeint?

Ungewissheit verunsichert. Während die Gedanken der älteren Frau oft darum kreisen, ob ihre Hinwendung zum jüngeren Mann als deplatziert betrachtet werden könnte, zieht der jüngere Mann eher in Betracht, durch die ältere Frau nicht ernst genommen zu werden.

*Matthias* beispielsweise erinnert sich:

*»Ich war 21, und ich war zusammen mit anderen Freunden bei ihr eingeladen. Da ich mit ihr allein sein wollte, harrte ich aus, bis alle anderen Gäste gegangen waren. Zwischendurch hab ich mir doch immer wieder gedacht, also nein, jetzt gehe ich, warum sollte sie sich auch für mich interessieren, das kann ich vergessen. Und dann hat es sich doch anders ergeben. Das war sehr schön. Aber nach ein paar Tagen kam schon ein kleiner Schreck, als ich darüber nachgedacht habe. Weil ich so jung bin, dachte ich mir immer wieder, wird sie wahrscheinlich kein ernsthaftes Interesse an mir haben.«*

Andere Männer, die sich in eine ältere Frau verlieben, hegen den Verdacht, als Marionette instrumentalisiert zu werden, wie etwa der 30-jährige *Thomas* angibt:

*»Bei mir waren auch die Zweifel, ob sie die Beziehung zu mir vielleicht nur als eine Art Seitensprung betrachtet. Es war mir nicht klar, wie das alles weitergehen sollte. Ich wusste ja nicht, was sie wirklich im Kopf hat mit mir.«*

Eine Befürchtung, die auch Davids Beispiel deutlich werden lässt: Dass er sich unsicher fühlt, beunruhigt ihn. Sie ist 14 Jahre älter als er, eine attraktive, selbstbewusste, angesehene Frau. Sie hat einige »adäquate« Heiratsangebote abgelehnt. Sicherheit und Wohlstand sollten auf ihrem eigenen Können gewachsen sein, sagt sie. Deshalb der Ehrgeiz, die Motivation ihrer Karriere? Karrieremänner können sich Affären mit knackigen jungen Frauen leisten. Wie, wenn es bei Karrierefrauen ähnlich wäre? Dann ist er vielleicht nur ihre Affäre? Immerhin schien es ihr ein bisschen unangenehm zu sein, als er sie spontan im Büro besuchte. Gibt es doch einen anderen Mann in ihrem Leben? Und ihre Sekretärin – ist ihm ihr Lächeln nicht ein wenig spöttisch erschienen? Sollte es bedeuten: Was will der kleine, unbedeutende Bursche von meiner Chefin? Er glaubt doch nicht etwa, sie nimmt ihn ernst?! David entschied sich, ihren nächsten Schritt abzuwarten. Bis dahin zog er sich zurück und ließ nichts von sich hören.

Eine abwartende Haltung ist in unserer Kultur mit weiblichen Eigenschaften verknüpft. Die Inititative zu ergreifen, das erwartet man vom Mann. Dazu müssen in der unkonventionellen Situation erst die Voraussetzungen geschaffen werden.

Sich zu entscheiden ist ein Prozess. Der jüngere Mann will einen Entschluss treffen, der nicht auf »vorübergehend« aufgebaut ist. Das verlangt Bewusstheit, Klarheit darüber, welchen Weg er gehen, welchen er unterlassen will. Dieses Geschehen heißt für ihn Loslassen von der Norm des traditionellen Beziehungsmusters. Der 33-jährige *Christoph* beschreibt dies wie folgt:

*»Man muss durch eine Phase, das ist erst mal ein gedanklicher Loslösungsprozess. Es ist ein Schritt, den du dir schon gut überlegst. Du siehst die ganzen Freunde um dich herum, die haben entweder jüngere oder gleichaltrige Frauen. Und es gibt Freunde und Freundinnen, die dann sagen: Wie kommst du dazu? Lass das doch, das geht nicht gut, ich bin doch auch noch da, so ungefähr. Man muss sich klar werden darüber, auf welche Seite man sich begibt. Wenn du das mal entschieden hast, dann kannst du drangehen, zu verarbeiten, dass du wirklich dazu stehen willst.«*

Die Auseinandersetzung mit der Norm führt den jüngeren Mann, der sich in eine Ältere verliebt hat, zur Beantwortung der Frage, ob er bereit ist, sich über die Norm hinwegzusetzen, und macht ihn bereit, die Initiative zu ergreifen.

## Von der Bedeutung des Werbens

Das romantische Muster des Eroberers und der Gunst gewährenden Frau – Merkmal der großen Liebenden der Weltliteratur – ist zwar nicht ganz verrostet, aber immerhin brüchig geworden. Sogar für das konventionelle Paar – die Frau ist jünger als der Mann – bei dem die Hierarchie der Geschlechter, das Prinzip der Über- und Unterordnung, den Rahmen des Werbens darstellen sollte, scheint dieses Muster unzeitgemäß, ja fragwürdig zu sein. Das macht den jüngeren Mann ratlos, weil er zunächst nicht weiß, wie er die ältere Frau gewinnen soll. *Volker*, 25, liefert eine Erklärung:

*»Es wird einem Mann in den seltensten Fällen von den jüngeren Frauen schwer gemacht, eine Beziehung anzuknüpfen. Man kann auch gleich übernachten, wenn man will. Das ist bei einer älteren Frau nicht so. Die lässt sich eher umwerben. Und damit hat man dann schon Schwierigkeiten, weil man es nicht gewöhnt ist. Auch etwas abzuwarten ist mir früher schon recht schwer gefallen. Ich dachte, dann entgeht mir was. Der direkte erste Kontakt fiel mir nie schwer, aber das Werben. Und das war es auch, was mich verunsicherte. Denn insgeheim kommt man sich recht grün vor.«*

Die ältere Frau lässt um sich werben, weil sie zum einen die Ernsthaftigkeit des Jüngeren testet, damit sie seine wirkliche Haltung ergründen kann. Zum anderen will sie sich nicht einfach verschenken, und das hat seinen Grund. Schenken heißt, jemandem etwas verehren, zu Füßen legen, hergeben, weggeben. Der Schenkende verzichtet auf alle weiteren Rechte und den Einfluss auf die Nutzung des Geschenks. Der Beschenkte kann über sein Geschenk allein verfügen. Es gehört ihm. Die ältere Frau verschenkt sich nicht, weil sie sich selbst nicht abhanden kommen will. Ihr Selbstbestimmungsrecht setzt sie nicht (mehr) aufs Spiel.

Die Forderung nach Selbstbestimmung ist in unserer Kultur für die Frau nicht problemlos zu erfüllen. Während die ältere Frau in der Öffentlichkeit als Liebespartnerin wenig Beachtung erfährt, wird für die junge Frau geworben, als Lustobjekt und Maß der Frau. Sie wird sogar als »Beilage« zu anderen Konsumartikeln angepriesen. Es verwundert daher nicht, dass sich eine derart zugewiesene Bedeutung im Bewusstsein von Frauen genauso wie von Männern zur Wahrnehmung der Frau als »zum Verbrauch bestimmt« verdichtet.

Das ist das Dilemma der Frau. Der Warencharakter ist auch heute noch ein Merkmal des Frauenbilds, das – ungeachtet der aufklärerischen Leistung der Frauenbewegung – die Position eines Leitbilds nicht aufgegeben hat. Wenn sie sich als moderne, emanzipierte Frau verstehen will, muss sie diesem Frauenbild entsprechen. Dann erhält sie die Anerkennung von außen (der Männer) und von innen (die Selbstbestätigung).

Das Gefühl von Selbstbestimmung wird dann zum Ausdruck von Ohnmacht. Das heißt, die Frau, die als Ware angepriesen wird, verhält sich auch so. Dadurch trägt die Frau dazu bei, dass der Mann Ungebundenheit erwartet, Unverpflichtet-Sein für sich herausnimmt. Je emanzipierter er die Frau wähnt, desto freier fühlt er sich. Die Frau liefert ihm die Entbindung von Verantwortung gleichsam ins Haus. Letztendlich bekommt er Zuwendung, Sexualität, Bestätigung, ohne etwas dafür geben zu müssen. Dies geschieht unter der Behauptung, dass zwei freie, erwachsene Menschen nur sich selbst verpflichtet sind. Fordert die Frau ihr Bedürfnis nach Bindung ein, wird sie abgelehnt, weil sie Besitzansprüche stellt. Nicht selten hört sie den Vorwurf: Ich dachte, du wärst eine emanzipierte Frau! *Tanyas* Erfahrung geht in diese Richtung:

*»Alle Männer, mit denen ich vor David zusammen war, wollten sich ja noch nicht mal festlegen, einen Termin für eine Woche im Voraus zu planen. Geschweige denn, dass sie konkretere Verbindlichkeiten eingehen wollten. Es sollte alles den Anschein des angeblich spontanen Gefühls behalten. In Wirklichkeit wollten sie sich einen Weg offenlassen, sich ja nicht irgendwie binden zu müssen. Aber gleichzeitig geben sie einem das Gefühl, spießig zu sein, wenn man sich nicht trotzdem für sie zur Verfügung hält. Es ist unglaublich, aber sie kommen immer wieder damit durch, weil es genügend Frauen und besonders jüngere gibt, die da mitmachen.«*

Der Ehetherapeut Jürg Willi sieht in einem solchen Verhalten ein typisches Problem moderner Paare: die Scheu vor tieferer Bindung. Er ist der Meinung, dass weder die Bedürfnisse nach Ungebundenheit noch diejenigen nach dauerhafter Partnerschaft als unreif gelten können. Sie sind beide notwendig, weil sie dazu beitragen, die Eigenständigkeit und Differenzierung der Partner innerhalb ihrer Beziehung zu erhalten. Die Dynamik von Freiheit und Bindung kann jedoch nur auf einer gleichmäßigen Verteilung von Privilegien basieren, sie ist die Voraussetzung für Partnerschaft. Der jüngere Mann scheint diese Voraussetzung bei der älteren Frau zu finden. Er wirbt um sie, weil sie seiner Vorstellung von einer Partnerin entspricht.

Der 26-jährige Wolfgang sagt, er sei darauf »trainiert« gewesen, auf das zu achten und nach dem zu suchen, was mit dem herrschenden weiblichen Idealbild übereinstimmt. Er nennt dies die »Idealvorstellung«, die Männern »vorgegaukelt« wird. Präsentiert an jedem Kiosk. Wichtig dabei ist das Aussehen »auf eine bestimmte Art und Weise«, meint *Wolfgang*. Und darauf hat er früher geachtet, bis er feststellte, dass dieses Aussehen nicht den Anspruch einlöste, den er an die Verbindung mit einer Frau erhebt.

*»Nur weil eine Frau auf eine bestimmte Art und Weise ausschaut, spielt sich inzwischen bei mir nichts mehr ab. Das äußere, ideale Bild ist meist nicht das, worauf es mir ankommt. Im Vordergrund steht für mich die Persönlichkeit.«*

Er will die Frau, mit der er sich auf einer Vertrauensbasis verstehen kann, mit der sich die Beziehung nicht in einem kurzen Verhältnis erschöpft. Diese Frau hat er in der zehn Jahre älteren Anne gefunden.

Die Formen des Werbens, die der jüngere Mann einsetzt, umfassen im allgemeinen romantische Muster. Das unterscheidet ihn kaum von allen anderen Liebenden, die sich um das Objekt ihrer Zuneigung intensiv bemühen. Es sind kleinere Gesten der Aufmerksamkeit, um sich in Erinnerung zu bringen, die erkennen lassen, dass nur sie damit gemeint ist, wie dies etwa die 37-jährige *Susanne* beschreibt:

*»Schön fand ich eine aufmunternde SMS auf meinem Handy, wenn er wusste, ich habe einen kniffligen Termin vor mir, und ich freute mich riesig nach einem anstrengenden Arbeitstag, wenn ich eine Liebesbotschaft auf meinem Anrufbeantworter zu Hause hörte.«*

Ein Strauß ihrer Lieblingsblumen zum Wochenbeginn, eine Einladung zu ihrem Lieblingsitaliener an einem Regentag, einen Ausflug zum Lieblingssee, wenn die Sonne scheint. Das signalisiert liebevolle Aufmerksamkeit, nicht Unverbindlichkeit. Es gehört Geduld dazu, Einfühlungsvermögen und Entschiedenheit.

Andere Frauen schwärmen vor allem von der Spontaneität des jüngeren Mannes, wie zum Beispiel *Uma*, 35:

*»Sebastian reagierte stets sofort auf jede Andeutung eines Wunsches von mir, egal wie außerhalb des Üblichen dies war. Ob es nun eine frische Brezel um vier Uhr morgens war – er holte sie beim Bäcker, der um diese Zeit ja schon in der Backstube war, oder ob es eine haselnussbraune Tulpe war, die ich im Garten eines von einem bissigen Hund bewachten Bauernhofs beim nächtlichen Spaziergang im Dorf bewundert habe – er sprang über den Zaun, ungeachtet des gefährlichen Hundes oder der Bauersleute, die er hätte wecken können, hüpfte einfach in den Garten und pflückte mir diese Tulpe, weil ich sie so schön fand.«*

Vielleicht ist das Verhalten des 22-jährigen Sebastian nur typisch für das, was ein junger Mann tun kann, wenn er verliebt ist. Es ist einfach die Liebe. Sie ist herrlich und sorglos. Die Tatsache, dass die Frau, die er liebt, viele Jahre älter ist als er, spielt für ihn keine Rolle. Uma sagt, Sebastians Verhalten habe ihre Zuneigung verstärkt:

*»Es war das symbolische Bild, Hindernisse zu überspringen, statt sie aus dem Weg zu räumen.«*

Für Romantisches hatte sich Uma schon immer begeistern können, sagt sie. Sie sammelt romantische Gefühle wie Kostbarkeiten. Wie jede Frau, die sich dadurch persönlich bekräftigt und anerkannt sieht, empfindet sie ein romantisches Umwerben keineswegs als Vorspiegelung falscher Tatsachen. Ganz im Gegenteil. Sie fühlt sich wertgeschätzt. Unterstützt. Gerade dann, wenn sie sich auf dem neuen, noch ungefestigten Weg zur Selbstsicherheit hinsichtlich ihrer »anderen« Liebe befindet. Jeder, der erkennen lässt, dass er die sich entwickelnde, auf der Suche befindliche, diese wahre Frau in ihr bewundert, hat eine Chance, sie zu erobern. Ein junger Mann hat es leicht, eine Frau, die an der Schwelle des Aufbruchs steht, überzeugend zu umwerben. Ist er doch selbst ein Suchender, auf dem Weg zu sich selbst und auf Anerkennung angewiesen.

## Vertrauen ist ein Angebot in die Zukunft

Vertrauen ist vor allem ein Gefühl, sagen viele Frauen. Das kann man sich nicht vornehmen wie einen Ausflug, den man zusammen verbringen will. Selbst das viel gepriesene blinde Vertrauen hat sich aufgrund einer Erfahrung gebildet. Zunächst braucht das Vertrauen zum Partner ein Fundament, die Vertrauenswürdigkeit. Sie setzt sich zusammen aus einerseits den Eigenschaften und Fähigkeiten, die er aufgrund seiner Persönlichkeit mitbringt. Man muss sie entdecken, vorhersagbar sind sie nicht. Zum anderen enthält das Fundament der Vertrauenswürdigkeit einer Person jene Qualitäten, die mit den gesellschaftlich zugeordneten Rollen und Funktionen verknüpft sind. Mit ihnen kann der andere im Allgemeinen rechnen. Das heißt, in einer traditionellen Verbindung wird dem Mann zum Beispiel neben der Rolle des Versorgers auch eine Beschützerrolle zugetraut, der Stoff, aus dem die Helden sind, weil er als der Stärkere betrachtet wird. Ist er der Jüngere, wird die ältere Partnerin ihm überwiegend aufgrund seiner persönlichen Qualitäten vertrauen. Die mit der Norm des überlegenen älteren Mannes verknüpften Eigenschaften wird sie nicht vermuten, daher nicht erwarten, sogar negieren, weil sie ihn in seiner Rolle als der Jüngere in der Beziehung als unzuständig empfindet.

Als es bei den Interviews darum ging, sich an ein typisches Erlebnis zu erinnern, bei dem sie tiefes Vertrauen zu ihrem jüngeren Partner verspürten, beschrieben die Frauen sich im Allgemeinen in einer schwachen, oder bedürftigen Situation, in der sie durchaus den starken Beschützer brauchen könnten. Doch weil sie die Älteren sind, möchten sie ihre Schwäche nicht zeigen. Die Frauen befürchten, der Jüngere würde mit dieser Situation nicht umgehen können. Schließlich kennt er sie als starke Frau, die schwierige Situationen selber meistern kann. Sie rechnet eher mit seiner Hilflosigkeit, wenn sie ihm die Rolle des Überlegenen zuweisen würde. *Hanna,* 37, beschreibt ein Erlebnis:

*»Als wir zwei Jahre zusammen waren, musste ich wegen einer Mandeloperation ins Krankenhaus. Kurze Zeit später kam mich Lorenz besuchen. Ich hörte aus unbestimmter Ferne eine Stimme: ›Ist sie schon wach?‹ Woher kenne ich diese Stimme?, überlegte ich und versuchte vergeblich, sie einer bestimmten Person zuzuordnen. Ich bemühte mich, die Augen zu öffnen.*

*Dann sehe ich seine Hände auf meiner weißen Bettdecke. Ich glaubte, es sei eine Wunschvorstellung und gleichzeitig ein Albtraum. Ich döse weiter, fühle mich ausgetrocknet, denke an ein Glas Wasser, eine Tasse Tee oder ein Flasche Cola, so genau weiß ich es nicht. Doch das ist normal nach einer Operation, wenn die Nebel der Narkose sich lichten.*

*›Hi, wie geht's dir?‹, fragte Lorenz.*

*Natürlich, es war seine Stimme! Ich erschrecke. Mit verklebten Haaren, verschwitzten Händen und in dem weißen Leinenhemd muss ich ein abschreckender Anblick sein. Am Fußende des Krankenhausbettes steht jetzt Lorenz, unübersehbar jung, er ist erst 23, und lächelt mir aufmunternd zu. Er scheint nichts Abstoßendes an mir zu bemerken. Er kommt näher, beugt sich herab, küsst mich auf die trockenen Lippen, streichelt mir über mein angespanntes Gesicht, setzt sich neben mich. Er reicht mir Pfefferminztee in der Krankenhaus-Henkeltasse, die auf dem schmalen weißen Kästchen neben dem Bett abgestellt war.*

*Meine Gedanken begannen aber schon um ein immer dringender werdendes Bedürfnis zu kreisen. Mir war so übel, und ich wollte nach der Krankenschwester klingeln. Lorenz verstand sofort.*

*›Das kann ich doch auch‹, sagte er. Ich setzte mich im Bett auf, Lorenz zog mir Wollsocken an, stützte mich beim Aufstehen und trug mich schließlich ins Badezimmer.*

*Meine Befangenheit, geknüpft an die Befürchtung, dass mein elendes Aussehen Lorenz die Flucht vor mir ergreifen lassen würde, wich übergangslos einem vertrauten Wohlbefinden. Ich hätte mich in den Armen meines Vaters nicht beschützter fühlen können.«*

Lorenz besucht Hanna unangemeldet im Krankenhaus. Sie liegt leidend in einem Krankenbett, fühlt sich hässlich und den Umständen ausgeliefert: Es gibt wohl wenige Situationen im Leben, in denen man verletzlicher ist. Dass

Lorenz keine Scheu vor ihrem leidenden Zustand hatte, sich nicht befangen verhielt, das gab ihr zu denken:

*»Ich habe gedacht, das könnte der Mann sein, mit dem ich leben könnte, der sich auch vor meinem Alter nicht fürchten wird.«*

Zeigt der Jüngere, dass er seine Rolle als mitfühlender, verstehender Partner an ihrer Seite erfüllen und somit sogar die traditionelle Rolle des fürsorglichen Beschützers übernehmen kann, fällt es der älteren Partnerin im Allgemeinen leichter, Vertrauen zu ihm, dem jüngeren Mann, zu fassen. Gleichzeitig überträgt sie dieses Vertrauen auf die Paarsituation und glaubt, dass sie auch der »ungleichen« Beziehung vertrauen und sie deshalb verwirklichen kann.

Als ihr jüngerer Freund sich völlig unerwartet zu ihr bekannte, war zum Beispiel für die 43-jährige *Simone* klar, dass sie auf »diesen Menschen und seine Liebe bauen« kann, und sie belegt dies mit ihrer Geschichte:

*Sie hatte ihren Exmann zu einem Gespräch in ihre Wohnung gebeten. »Es ging um unsere Tochter. Sie war Bulimie-gefährdet und war vorübergehend bei mir und meinem jungen Partner eingezogen. Ich wollte mit meinem Exmann, dem Vater, beratschlagen, wie wir die Situation mit der Tochter meistern können. Eigentlich wollte ich meinen Freund nicht dabei haben, er ist 15 Jahre jünger als ich und wir waren erst drei Jahre zusammen, aber er bestand darauf. Ich war mit den Nerven ziemlich am Ende. Während des Gesprächs sagte mein Freund plötzlich in die Runde: ›Wenn Simone leidet, weil das Mädchen ihr Leben nicht in den Griff kriegt, werde ich alles tun, damit es ihr wieder gut geht. Sie ist das Wichtigste in meinem Leben.‹ Mein Exmann saß dabei sowie meine Tochter, und jeder schaute betroffen. Das kam so überraschend und war so toll. Mir hat es direkt die Luft genommen, und ich war total verlegen. Nicht zuletzt deshalb, weil ich vor dem Ex nicht zeigen wollte, wie nah ich meinem neuen Partner bin. Ich habe so was vorher nicht gekannt. Er signalisierte mir: Du bist das Wichtigste in meinem Leben! Und das vor meinem Exmann, mit dem ich über 20 Jahre zusammengelebt habe und der mein Vertrauen jahrelang mit Füßen getreten hatte. Das war atemberaubend und wesentlich eindrucksvoller als ein Heiratsantrag. Das vergisst man nie.«*

Simones Freund hat sich in ihren Augen wie ein Held verhalten. Eine Rolle, die gesellschaftlich dem Mann entspricht, der in einer Liebesbeziehung der Ältere ist.

Die Erkenntnis, auf emotionale Unterstützung zählen zu können ist für Liebende nicht neu. Neu ist, dass die ältere Frau berührt ist, weil sie vom jüngeren Mann keine verlässliche Zuwendung erwartet, sondern eher mit seiner unverpflichteten Haltung rechnet.

Hat sich einmal ein grundlegendes Vertrauen eingestellt, festigt sich die Liebe. Es liegt nun an der Älteren, auf ihr eigenes Gefühl zu vertrauen und die Liebe des Jüngeren anzunehmen. *Ingrid*, 39, beschreibt es so:

*»Man muss das Vertrauen zum Jüngeren einfach zulassen und nicht immer grübeln, ach, ich bin zehn Jahre älter, wie kann er mich lieben?«*

Das heißt jedoch nicht, dass die mit der Umkehrung der Altersnorm zusammenhängenden Verschiedenheiten nicht mehr bemerkt werden. Ganz im Gegenteil. Sie erscheinen dem Paar – ungeachtet des bereits gewonnenen Vertrauens – zuweilen als unüberbrückbar.

# Kapitel IV:

# Die schwer überwindbaren Vorurteile

## Der sichtbare Altersunterschied

»Man sieht den Altersunterschied nicht.« Diese Bemerkung, geäußert von jenen, die das Paar betrachten, ist ein magischer Satz für die Frau, wenn sie die Ältere ist. Richtig ist, dass sich das Aussehen heute immer weniger verlässlich an Lebensalter knüpfen lässt. Die Verzögerung des Alterungsprozesses geht einher mit der gestiegenen Lebenserwartung der Menschen. Viele Frauen, die einen jüngeren Mann haben, sehen jünger aus als für ihr Lebensalter angenommen wird, wie zum Beispiel *Erik*, 30, in seiner Aussage über Mona bestätigt: *»Vom Aussehen her würde sie niemand für eine 45-Jährige schätzen.«* Davon ist auch sie grundsätzlich überzeugt. Die 32-jährige *Lilly* sagt:

*»Ich werde von vielen jünger geschätzt, und der Altersunterschied zwischen mir und meinem 23-jährigen Freund springt nicht gleich ins Auge, optisch sieht man eigentlich keinen Unterschied.«*

Das bedeutet im Allgemeinen nicht nur, dass sie jünger aussieht, sondern auch, dass er älter wirkt. »Du siehst jung aus« ist nur für die Ältere, aber nicht für den jüngeren Mann als Kompliment gemeint.

In Lillys Alter überrascht es nicht, dass der Altersunterschied zum neun Jahre jüngeren Mann nicht auf den ersten Blick zu bemerken ist. Für eine 40-Jährige ist dies schon nicht mehr selbstverständlich, vor allem dann, wenn der Mann mehr als zehn Jahre jünger ist. Im höheren Alter gleicht sich das Aussehen von Frau und Mann nach Ansicht vieler Frauen wieder an, worauf die 69-jährige *Edith* hinweist. Ihr Mann ist zwölf Jahre jünger und *»wirkt wie ein Mann, der auch ohne Weiteres 65 sein könnte«*, sagt sie. Er sei aber erst 57, zwar sportlich, aber kein jugendlicher Typ. Einen Grund für den im fortgeschrittenen Lebensalter wieder weniger sichtbaren Altersunterschied sieht *Anita*, 63, zum Beispiel darin, dass Männer anders altern als Frauen, auch wenn sie weniger Falten haben:

*»Wenn ich mir Kollegen anschaue, die mein Alter haben, ist das schon fast eine Generation Unterschied. Ohne überheblich sein zu wollen, einfach schon von der Statur, von der Kleidung, von den Aktivitäten her ist da ein riesiger Unterschied.«*

Doch genauso wie bei der Aussage, die Beziehung zwischen einer älteren Frau und einem jüngeren Mann sei »eigentlich« normal, offenbart sich hier auch eine Falle: Mit der Verbindung zum jüngeren Mann wird die Überzeugung der Frau, jünger auszusehen, anfällig für Zweifel. Nicht weil sie grundsätzlich mit der Anzahl ihrer Lebensjahre hadert, sondern weil sie die Vorurteile fürchtet, die wegen dieser Lebensjahre ihre Liebesbeziehung mit dem jüngeren Mann abwertend beeinflussen könnten. Denn bleibt der Hinweis auf einen unsichtbaren Altersunterschied aus, vermutet die ältere Frau, dass er für die anderen sichtbar und deshalb für deren Vorurteile ihr und ihrer Beziehung gegenüber anfällig ist. Sie achtet verstärkt auf deren Verhalten, registriert Worte und Blicke und versucht abzuklären, wie »normal« sich andere Menschen ihr und ihrem jüngeren Mann gegenüber zeigen. Die 38-jährige *Gerlinde,* 17 Jahre älter als ihr Freund, sagt:

*»Ich bin extrem sensibel geworden, was die Haltung unseres Bekannten- und Freundeskreises anbelangt und mehr*

*noch bei Begegnungen mit Fremden, die ja keine Vorinformationen haben. Ich habe vor allem am Anfang jeden beobachtet, wie der jetzt ihn und mich anschaut, und war immer darauf bedacht, nichts in dieser Hinsicht zu übersehen. Am liebsten hätte ich immer gehabt, dass jemand sagt: Das sieht man gar nicht, dass Sie älter sind, Sie schauen doch so jung aus. Es hat mir immer die größte Freude gemacht, wenn jemand gesagt hat, der Altersunterschied fällt doch gar nicht auf. Es hat mich innerlich aufgebaut, obwohl ich mich andererseits ärgere, dass ich mich diesbezüglich so beirren lasse, denn eigentlich stehe ich ja zu meinem Alter.«*

So manche Frau erschrickt zutiefst, wenn sie zum Beispiel als Mutter des jüngeren Partners vermutet wird, wie etwa Oda, 49, als sie vom Empfangschef eines Hotels, in dem sie mit ihrem 14 Jahre jüngeren Partner einen Urlaub verbrachte, als dessen »Frau Mutter« angesprochen worden ist. Und Anja, 55, erinnert sich mit Entsetzen daran, als sie bei der gemeinsamen Wohnungssuche mit ihrem 16 Jahre jüngeren Partner den Makler zu ihrem Mann sagen hörte: Sind Sie der Sohn?

Mit Erlebnissen dieser Art müssen vor allem diejenigen Paare rechnen, bei denen der Altersunterschied mehr als zehn Jahre beträgt. Während der jüngere Mann im Allgemeinen weniger empfindlich auf derartige Irrtümer reagiert, treffen sie die ältere Frau an einem wunden Punkt: Das Bild einer Mutter-Sohn-Beziehung ist ein Vorurteil, das dem jüngeren Mann Schwäche und Abhängigkeit zuordnet, eine psychische Fehlentwicklung, der Frau aber die Rolle der Übermächtigen, Bevormundenden, der Mutter eben und nicht der Geliebten.

Roberta, 57, und ihr Mann Michael, 40, nehmen solche Szenen inzwischen mit Humor, wie *Roberta* erzählt:

*»Michael und ich schauen zusammen aus wie Laurel und Hardy. Er ist groß und dünn, ich bin klein und dick. Uns passieren immer wieder amüsante Erlebnisse. Zum Beispiel waren wir einmal in einem Selbstbedienungsrestaurant, in dem sie an der Kasse Bonbons anbieten. Als ich nach einem Bonbon griff, drohte mir Michael mit dem Finger und meinte, nein, nein. Ich persönlich mag das, weil dies seine Fürsorge für mich zeigt. Die Frau an der Kasse lächelte mir zu und meinte, was ich doch für einen netten, besorgten Sohn hätte. Darauf antwortete ich, er ist nicht mein Sohn. Der Kassiererin war dies entsetzlich peinlich, sie wusste gar nicht, wie sie sich da herauswinden sollte. Wir finden solche Szenen inzwischen lustig.«*

Um verletzenden Spekulationen vorzubeugen, hat sich Anja inzwischen angewöhnt, den Altersunterschied direkt anzusprechen. Sie sagt:

*»Wenn ich bemerke, dass jemand verunsichert ist, wie er uns einschätzen soll, besonders wenn es um geschäftliche Verhandlungen geht, dann sage ich sofort etwas wie: ›Sie wissen schon, dass ich älter bin als mein Mann.‹ Das entspannt die Situation enorm, und der andere weiß, wen er vor sich und wie er mit uns umzugehen hat.«*

## Die lächerliche Alte

Man glaubt, das Bild der lächerlichen Alten, der älteren oder alten Frau, die junge Männer liebt, einzig um ihren Schmerz vor dem eigenen Altern zu betäuben, sei heute verschwunden. Zumindest sollte es seiner abwertenden Haltung der Frau gegenüber entledigt sein. Dass es dies jedoch nicht ist, lässt sich zum Beispiel auch daran erkennen, was die 46-jährige *Tina* erfuhr:

*»Wie war es nur möglich, dass sie ihren ersten Mann verlassen konnte?, wurde sie von Männern aus ihrem früheren Freundeskreis gefragt.*

*Ich will meinen Weg allein weitergehen, gab Tina damals zur Antwort.*

*Eine jahrelange undefinierbare Unruhe in ihr hatte sich ins Bewusstsein gekämpft. Mit der Heirat vor vielen Jahren hatte Tina die Sehnsucht vorübergehend eingesperrt. Niemals vergessen.*

*Sie träumte von der Freiheit, von Selbstbestimmung, von Unabhängigkeit.*

*Dann traf sie Lukas, 26.*

*Und nun will sie ihren Alleingang, ihren Weg, ihre Freiheit für diesen Rotzlöffel aufgeben?, wollten die Freunde wissen.*

*Vielleicht braucht es zur wahren Freiheit die richtige andere Person, antwortete Tina.*

*Dazu brauchst du einen unreifen Mann?, höhnten die Freunde.*

*Nein. Den richtigen, wiederholte Tina.*

*Die Leidenschaft, der Sex, ist es das, was du suchst? Schnell sind sie verflogen. Gib nur acht, warnten die Freunde.*

*Ich weiß.*

*In deinem Alter ist es lächerlich, einen Jüngling im Schlepptau zu haben, erklärten schließlich die Freunde.*

*Mag sein, stimmte sie zu.*

*Ihre Gefühle aber waren alles andere als lächerlich. Das wusste sie.*

*Aber wusste er, Lukas, ihr jüngerer Freund, es auch?*

*War Lukas dem Einfluss dieses Klischees gewachsen?*

*Würde dessen Wirkung nicht mit jedem Jahr, das Tina unaufhaltsam älter wird, schließlich ihr Ziel erreichen?«*

In der Comic-Welt ist dieses Klischee auch zu Hause, bei Familie Duck zum Beispiel. Im »Psychogramm einer Sippe« liest man über Oma Duck und Franz Gans, ihren Knecht: »Der rustikale Gigolo, welcher der wohl früh verwitweten Annette Duck den Gatten in einem Punkt zu ersetzen vermag …« Um diesen Dienst abzugelten, wird ein arbeitsteiliges Beziehungsmuster beschlossen: »Die Oma versorgt den Hof, Franz sammelt Kräfte für den Feierabend.« Verlässt man die Verzerrung der Comic-Welt, gelten diese Zusammenhänge auch für die Klischeevorstellungen all jener, die in der Verbindung einer älteren Frau mit einem jüngeren Mann »nur das eine« gelten lassen: Wichtig ist demnach nur die sexuelle Potenz des Jüngeren, und die Ältere ist die Sexgierige, die sich der »natürlichen« Konsequenz ihres Alterns, der »sexuellen Nutzlosigkeit« widersetzen will. Vordergründig soll das Klischee zwar die ältere Frau treffen, tatsächlich aber zeichnet es ein lächerliches Bild von beiden. Denn auch der jüngere Mann wäre seiner Würde beraubt, wenn sie ihn lediglich als Objekt der Begierde benutzte.

## Die jüngere Frau erhebt Anspruch auf ihr »normales« Recht

Ein gesellschaftlich formuliertes Risiko der älteren Frau ist, gegen die Junge eingetauscht zu werden. Die Furcht vor diesem Risiko lässt sich schwer überwinden, bekennt die Frau, wenn sie die Ältere ist.

Weil sie jünger ist als die ältere Frau, ist das, was die junge Frau einzubringen hat, die Jugend, ihr durch die Norm verbrieftes Recht auf Anerkennung als die »richtige« Partnerin für einen Mann. In einer traditionellen Beziehung wird dieses Recht bestätigt, denn die Frau ist die Jüngere. Der Mann, der eine ältere Partnerin wählt, ignoriert die Norm. Die Jugend der Frau wird in diesem Fall als primäres Auswahlkriterium abgelehnt.

Die Ursache dieser Ablehnung sieht die Jüngere in der Person der älteren Frau. Dies stimmt. Dieser Zusammenhang erzeugt bei der Jüngeren oft die Reaktion des enttäuschten Kindes, dem man zu viel versprochen hat: Wut. Nicht auf den Mann, denn er wird begehrt. Sie trifft die Frau, welcher der Mann den Vorzug gab.

Um die ältere Frau zu treffen, werden ritualisierte Formen der Kontaktaufnahme unverhüllt eingesetzt, wie zum Beispiel *Renate* erzählt:

*»Ich war immer wieder überrascht, mit welcher Unverfrorenheit gerade jüngere Frauen sich an ihn heranmachten. In meinem Beisein drängten sie sich ganz nah an ihn heran, zündeten eine Zigarette an, die sie aus ihrem Mund in den seinen steckten, legten den Arm vertraulich um ihn usw. Gelegentlich musste ich da schon eingreifen und mit einem deutlichen ›Jetzt reicht's!‹ die Grenzen ziehen.«*

Anders reagierte *Eva: »Ich kann da nur in kühle Arroganz ausbrechen.«*

Wie sie ihre Position geklärt hat, beschreibt *Susanne:*

*»Eines Tages bekam Karl eine Einladung zu einer Party, die eine Frau veranstaltete, von der ich gehört hatte, dass sie ihn, bevor wir uns kannten, hätte heiraten wollen. Sie muss wohl ein paar Jahre jünger sein als er. Ich hatte wirklich keine Lust, dorthin mitzugehen; außerdem glaubte ich, dass Karl auch nicht entschieden darauf drängte, mich mitzunehmen. Er sollte ein paar CDs mitnehmen, und er nahm auch einige mit, die mir gehörten.*

*Am nächsten Morgen war es schon reichlich früh, als er nach Hause kam. Ich stellte später fest, dass er eine CD von mir nicht mitgebracht hatte, und fragte ihn, wo diese denn sei. Er meinte, die habe er bei dieser Frau ver-*

*gessen, aber er würde sie eben am nächsten Wochenende abholen.*

*Also, dachte ich mir, diese Frau schau ich mir an. Und dann fuhr ich am nächsten Tag einfach hin, stellte mich vor und sprach sie auf die vergessene CD hin an. Sie war völlig erstaunt, dass es mich gab. Es stellte sich heraus, dass mein lieber Karl mich bei ihr verschwiegen, ihr die CD geschenkt und vereinbart hatte, dass er sie am kommenden Wochenende wieder besuchen würde. Mit der Frau habe ich mich sehr nett unterhalten. Zu Hause ließ ich ganz nebenbei die Bemerkung fallen, dass ich meine CD geholt hätte. Und damit war die Angelegenheit erledigt.«*

Für Susanne geht es um Treue und die Möglichkeit der Untreue. Und um das Prinzip, nur der unbekannte Gegner sei gefährlich. Doch dieser »Gegner« ist nicht die andere Person. Die Psychoanalytikerin Marina Gambaroff betrachtet Untreue-Impulse als Signale eines Wunsches nach Lebenserweiterung. Nicht deren Unterdrückung bringe der Beziehung Treue und Geborgenheit, sondern deren Offenlegung. Dann werden Gespräche möglich, wie sie *Eva* schildert:

*»Ich kann damit umgehen, dass Männer nach jungen Mädchen sehen. Wohnen Sie mal in München an der Universität im Sommer. Es ist nicht zum Aushalten für einen Mann. Was da an bildschönen, spärlichst bekleideten jungen Frauen herumläuft – und wir wohnen direkt an der Uni –, das ist ungeheuerlich. Gerd sieht die ja auch x-mal am Tag und kommt auch manchmal an und sagt: ›Du, es ist nicht zum Aushalten.‹ Und ich find das sehr schön, dass er das tut und das nicht vor mir verbirgt.«*

## Soll ich die Finger von ihm lassen?

Der Druck durch die Vorurteile ist nicht zu verkennen. Viele der interviewten Frauen erzählten, dass sie sich immer wieder in Zweifel stürzen lassen, ob ihre Verbindung richtig sei und eine Zukunft haben kann. Die Zweifel kündigen sich vorwiegend in einer Situation an, die unterschiedlich gedeutet werden kann. Die ältere Frau zieht zur Erklärung aber nur den Altersunterschied heran. Das heißt, eine an sich alltägliche Situation wird von der älteren Frau in eine problematische Situation umgedeutet, in der sie die Beziehung wegen des Altersunterschieds infrage stellt. Registriert werden alle Anzeichen und als Vorboten des Endes zusammengetragen. Davon erzählen vor allem Frauen im mittleren Lebensalter, wie etwa *Carolin*, 48:

*Eines Nachmittags im Juni, sie kam gerade vom Dienst, fand sie an ihrem vor dem U-Bahn-Eingang geparkten Auto hinter dem Scheibenwischer einen Briefumschlag, verklebt und eingerissen, er musste wohl schon einige Zeit dort überstanden haben.*

*Im Briefumschlag lag eine Eintrittskarte für ein Konzert von AC/DC.*

*»Begleite mich«, stand auf dem angehefteten Zettel, »ich rufe dich an, ich freue mich. Tim.«*

*»Tim liebte diese Art, mich zu überraschen. Es war mir unbegreiflich, wie er immer wieder mein irgendwo in München geparktes Auto fand, um mir eine kleine Nachricht zuzustecken, ein Gedicht, ein paar liebe Worte, einen Vorschlag zum Wiedersehen.*

*Die Entscheidung, was ich in ein Rockkonzert – dem ersten mit Tim – anziehen sollte, fiel mir schwer. Ich stellte mir vor, dass dort nur ausgeflippte junge Leute anwesend sein werden, und ich fühlte mich extrem unwohl bei dem*

*Gedanken, als ältere Frau aufzufallen. Wäre ich eine Art Nena, die Sängerin, die mein Jahrgang ist, oder gar Tina Turner, die viel Ältere, hätte ich kein Problem. Aber ich bin eine glamourfreie Apothekerin, die lieber in die Oper als in ein Rockkonzert geht. Tim meinte, es sei völlig egal, was ich anziehen würde, einfach etwas, worin ich mich wohlfühle. Aber ich hatte keine Ahnung, worin ich mich dort wohlfühlen würde.«*

Sie kaufte sich Jeans. Lee. Knalleng.

*»Im Foyer der Münchner Olympiahalle traf mich ein schriller Schrei. Er kam von einer jungen Frau im wallenden bunten Rock und quastenreicher verknitterter Bluse. Sie schlug die Hände über dem Kopf zusammen. Ich sah Tim von meiner Seite weichen und direkt auf diese mir Unbekannte zulaufen. Er umarmte und küsste sie.*

*Ich blieb zurück inmitten drängelnder Konzertbesucher, kam mir völlig fehl am Platz vor, dachte alle diese jungen Leute starrten mich an.*

*Was bildet er sich eigentlich ein?, überlegte ich wütend. Lädt mich zu diesem Konzert ein, wohin ich freiwillig nie gegangen wäre, trifft dort eine andere, lässt mich wie ein dummes Schulmädchen stehen, ignoriert mich. Was muss dieses dahergelaufene junge Ding von mir denken? Dass ich eine zufällige Begleiterin bin? Eine Tante, die Mutter? Die einfach in der Ecke stehen bleibt?*

*Wenn wir meine Freunde trafen, versäumte ich nie, ihn vorzustellen. Ich war stolz darauf, sagen zu können: Er gehört zu mir.*

*Ich bereute auf der Stelle, mich auf dieses Abenteuer eingelassen zu haben, und wollte nur noch weg.*

*Tim holte mich ein.*

*›Was ist denn in dich gefahren?‹*

*›Lass mich in Ruhe!‹*

*›Ich habe doch nur eine frühere Freundin begrüßt.‹*

*Die dröhnende Musik um mich herum verursachte mir Kopfschmerzen. Ich weinte still vor mich hin. Ein Häufchen Elend in dieser riesigen Halle. Nein, die Show war nichts, was mich hätte trösten können. Auch Tims tastende Hände nicht. Ein einziger Gedanke kreiste in meinem Kopf: Es wäre ein Fehler, sich weiter auf Tim einzulassen. Es gibt schwer zu überwindende Unterschiede. Das war mir gerade vor Augen geführt worden.«*

Es geht nicht nur darum, dass Carolin älter ist, hier treffen auch Verhaltensweisen aufeinander, die sich von den Vorstellungen und Werten der jeweils anderen Generation unterscheiden. Was für den Jüngeren ein selbstverständliches und ungezwungenes Verhalten bedeuten kann, stellt für die Ältere möglicherweise eine Kränkung dar, denn auch sie ist vom Zeitgeist ihrer Generation geprägt. Ebenso spielen bei der Definition einer Situation geschlechtsspezifische Aspekte eine Rolle. Beide Aspekte können zu Missverständnissen zwischen der älteren Frau und dem jüngeren Mann führen. Sowohl die Frau als auch der Mann beabsichtigen zwar das Gleiche, wenn sie zum Beispiel ihre Liebe und Wertschätzung für den jeweils anderen zeigen wollen, doch wählen sie die für den anderen falschen Mittel und Wege, um dies auszudrücken. *Anna* liefert dazu ihre Geschichte:

*Dass sich Liebe auch darin ausdrücken kann, sich für den anderen besonders hübsch zu machen, das hatte Anna gelernt, weil sie eine Frau ist. Chris war dieser Gedanke fern. Als Mann ist er überzeugt von seiner natürlichen Anziehungskraft.*

*Als sie ihn in ihrem bunten Lieblingskleid zu ihrem gemeinsamen Wochenendausflug – eine Autofahrt zum Ammersee – von seiner Wohnung abholte, trug er ausgeleierte Jeans und ein verwaschenes T-Shirt. Er muss es eilig gehabt haben, dachte sie, es reicht ja, wenn er sich am Abend umzieht. Sie hatte die rosa Seidenbluse eingepackt, von der sie wusste, dass sie Chris gefiel, und ihren schönsten langen, schwarzen Rock. Annas Reisetasche lag im Kofferraum, Chris warf sein kleines Handgepäck dazu. Sie hatten geplant, am Abend auszugehen.*

*Es war ein sonniger, milder Herbsttag und sie machten am frühen Nachmittag am Seeufer Rast. Segelboote glitten auf der blitzenden Wasserfläche dahin. Nur noch wenige abgehärtete Schwimmer sprangen ins Wasser und bewegten sich recht zügig vorwärts. »Lass uns ein wenig die Füße vertreten«, schlug Anna vor. Sie spazierten einen schmalen ausgetrampelten Weg am Seeufer entlang. Es war unbequem, nebeneinander zu gehen. Deshalb ging Chris voran. Es war unvermeidlich, dass Anna die Rückseite seiner Jeans zu sehen bekam: Sie war an den beiden Pobacken breit eingerissen, zerschlissen, es waren sichtbar andere Risse als die einer Designer-Jeans. Irritiert wollte Anna wissen, was er denn an Kleidungsstücken eingepackt hätte.*

*»Wieso?«, fragte er.*

*»Ich meine nur, sagte Anna, hast du vielleicht eine andere Hose dabei?«*

*»Nein. Wieso?«*

*»Deine Hose ist zerrissen.«*

*»Ja, sie ist schon ziemlich alt. Meine Lieblingsjeans.«*

*Anna beschlich ein Verdacht.*

*Fleckige, zerrissene Kleidung war in ihren Augen indiskutabel. Respektlos. Eine Lieblosigkeit. Sie hatte vor der Reise verschiedene Kleider anprobiert, sich vor dem Spiegel hin- und hergedreht, bis sie mit ihrer Erscheinung zufrieden war. Schweigend wanderten sie noch ein Stück weiter.*

*»Willst du den Abend im Hotel verbringen?«, fragte Anna.*

*»Nein, wieso? Wir wollten doch ausgehen, oder nicht?«, sagte Chris verwundert.*

*Glaubte er denn, dachte Anna, sie würde mit einem Mann ausgehen, der aussieht, als hätte sie ihn von der Straße aufgelesen?! »Ich wollte meinen schwarzen Rock anziehen und die rosa Bluse. Du kannst doch nicht in der zerrissenen Hose mit mir ausgehen wollen«, sagte sie.*

*»Dann lass doch das Kleid an, das du gerade trägst«, entgegnete Chris.*

*Es war ein nettes Kleid, ja, aber nicht zum Ausgehen. Annas Verdacht erhärtete sich.*

*Wäre ihm an ihrer Zuneigung gelegen, hätte er sich überlegt, wie er sich für sie hätte schön machen können, glaubte Anna. Mit der Wahl dieser Jeans wollte er ihr seine Gleichgültigkeit demonstrieren. Was sonst?! Oder sollte dies ein Versuch sein, sie loszuwerden?*

*Diesen Verdacht äußerte sie.*

*»Ganz im Gegenteil«, antwortete er, und schaute sie verständnislos an. Er habe seine Lieblingsjeans gewählt als Zeichen dafür, wie wohl er sich mit Anna fühle, wie angenommen als Person, wie unwesentlich alles andere für ihn sei. Dass Anna die Wahl seiner Kleidung als ein Zeichen von Lieblosigkeit auslegte, konnte er nicht verstehen. »Es tut mir leid, dass du eine andere Vorstellung von mir hast. Ich weiß nicht, wie ich dir gefallen soll«, sagte er, und wollte zurück nach Hause fahren.*

*Sie gingen auf dem schmalen Pfad zurück. Diesmal übernahm Anna die Führung. Sie fühlte sich erbärmlich hilflos. Was genau könnten wir, dachte sie, so völlig anders fühlend, denkend, denn voneinander wollen? Welchen Sinn sollte das Bemühen um Verstehen haben? Sollte sie ihn – vielleicht – völlig fehlinterpretiert haben? Wenn sie dies nur glauben könnte – sollte sie es einfach glauben? Sollte sie den gemeinsamen Ausflug doch noch retten?*

*»Fahr nicht nach Hause«, bat sie. »Ich weiß eine Lösung.«*

*Im Hotel angekommen, ließ sie sich Nähzeug bringen und vernähte kunstvoll in mühevoller Stickerei die Risse in Chris' Jeans. Er saß einfach da und schaute ihr fassungslos beim Nähen zu.*

*Nach dem Essen im Restaurant gingen sie in eine Diskothek mit Live-Musik. Sie tanzten. Eines von vielen Paaren auf der engen Tanzfläche. Laute Musik. Gedämpftes Licht. Rauchschwaden hingen in der Luft wie Heiligenscheine.*

*Niemand hätte sich nach Chris' zerrissenen Jeans umgedreht.*

Chris hat erwartet, dass das, was er denkt und tut, von Anna genauso gesehen und akzeptiert wird. Über Annas Erwartungen wusste Chris nichts. Er hat sie auch nicht danach gefragt. Ein solches Verhalten führt auch bei »normalen« Paaren zum Konflikt. Im Allgemeinen übernehmen Frauen eher als Männer die Aufgabe, Probleme in einer Beziehung zu bearbeiten. Wie das zitierte Beispiel zeigt, ist auch die ältere, erfahrenere Frau diejenige, die sich bemüht, eine Lösung im Konfliktfall zu finden.

## Die skeptischen Anderen

Der amerikanische Psychoanalytiker Otto Kernberg, der sich mit der »Psychopathologie des Liebespaares« wissenschaftlich auseinandersetzt, behauptet, mithilfe von Freunden lässt sich das Risiko einer Liebesbeziehung verringern. Ein isoliertes Liebespaar werde »krank«, es gehe unweigerlich an den auftretenden Aggressionen zugrunde. Freunde sind wichtig, weil sie die Person, die Freundin, den Freund, annehmen, auf sie eingehen, sie bestärken, ermutigen, Ansprechpartner sind. Im Idealfall. Denn ein positives soziales Netz unterstützt die Stabilität einer Liebesbeziehung.[2]

Welche Freunde hat ein Liebespaar?

Üblicherweise haben Paare verschiedene Kreise, die sich im Grad der Intimität unterscheiden. Eng und vertraut befreundet ist man im Allgemeinen mit Personen, die man aus der Kindheit kennt, mit denen man die Turbulenzen der Jugend überstanden oder Neuland ausgelotet und bewältigt hat: Berufswahl, Familiengründung, Elternschaft. Das heißt: Personen, die die eigene Persönlichkeitsentwicklung begleitet und angenommen haben, sind enge Freunde. Sie bleiben dies oft fürs ganze Leben.

Gute Freunde kennen statt der ganzen Person meist nur den Ausschnitt, die Rolle, die Funktion: anstelle der ganzen Frau die Mutter, die Ehefrau, die Sportlerin, die Kollegin. Anstelle des ganzen Mannes den Mitarbeiter, Freizeitpartner, Studienkollegen, Ehemann, Vater. Sie wechseln mit den Lebensumständen, der Position.

Die guten Bekannten leben überall. Man kennt sich, grüßt sich oder geht sich aus dem Weg, weil man keine Lust auf Enge und Gemeinplatz hat. Bedeutung haben sie insofern, als sie Meinungen verbreiten, Stimmungsmacher für und wider sind. Mit Argusaugen verfolgen sie, wer sich anpasst und wer nicht. Sie registrieren Handeln, jede Kleinigkeit, überziehen alles mit der Folie ihres Verständnisses, vergleichen, fällen Urteile. Die reichen sie weiter im Getuschel. Gerüchte entstehen.

Liebespaare sind beliebte Objekte dieses Tuns, die ältere Frau mit dem jüngeren Mann im Besonderen.

Die zwei Menschen, die sich zum Liebespaar zusammentun, bringen jeweils ihre Kreise mit. Die sollten verbunden, miteinander verflochten werden zum gemeinsamen Freundeskreis, in dem sich das Paar beheimatet fühlen kann. Das erfordert Teamarbeit. Das mag beim konventionellen Paar der übliche Weg sein. Für das Paar mit der älteren Frau und dem jüngeren Mann vermischen sich die jeweiligen Freundeskreise jedoch im Allgemeinen selten.

Die Interviews haben gezeigt, dass sich die verschiedenen sozialen Kreise am ehesten zum gemeinsamen Freundeskreis zusammenführen lassen, wenn der Altersunterschied des Paares nicht mehr als zehn Jahre beträgt und die Frau nicht älter als 35 Jahre ist. Ist die Frau älter und ihr Partner mehr als zehn Jahre jünger, ist eher typisch, dass sich die jeweiligen Freundeskreise erhalten und zusätzlich ein gemeinsamer Freundeskreis aufgebaut wird, so wie es etwa *Clara,* 58, verheiratet mit Fred, 45, beschreibt:

*»Als wir uns vor 15 Jahren kennen lernten, gab es sowohl in meinem als auch in Freds Freundeskreis einige, die unsere Beziehung nicht akzeptierten. Somit hatten sich diese Kreise ziemlich gelichtet. Aber auch diejenigen von meinen Freunden, die geblieben sind, waren nicht unbedingt daran interessiert, sich mit Fred zu befreunden. Umgekehrt war es ähnlich. Vor allem konnte ich wenig mit den jungen Frauen aus Freds altem Freundeskreis anfangen und sie nichts mit mir. Wir haben uns im Laufe der Jahre einen gemeinsamen Freundeskreis geschaffen aus Menschen, die uns schon als Paar kennen lernten, die also von vornherein uns auch als das unkonventionelle Paar akzeptiert haben und sich mit uns beiden angefreundet haben.«*

Viele Frauen haben die Erfahrung gemacht, dass auch ihre besten Freundinnen am Anfang der Beziehung schon zu bedenken geben, dass sie nur vorübergehend sei. Die Warnungen sind üblicherweise in wohlmeinenden Ratschlägen verpackt: Mach dir ein paar schöne Jahre, lauten sie.

Was als Unterstützung gedacht ist und sich auch als solche präsentiert, kann haargenau der Norm entsprechen: Die Beziehung wird als vorübergehend betrachtet, die Freundin, der Freund nicht ernst genommen.

Es gibt genügend Freundinnen, die sich über das Liebesglück der Freundin freuen. Es wird gehegt, gepflegt, besprochen als ihr süßes, unverhofftes, außergewöhnliches Glück. Das außergewöhnliches Glück soll aber pflegeleicht sein und wird abseits der Alltagsrealität romantisiert. Sich öffentlich dazu zu bekennen verlangt Überzeugung. *Claras* Erfahrung ist ein Beispiel:

*»Ich wurde zu den Festen unserer Clique plötzlich nicht mehr eingeladen. Ohne Erklärung wurde ich einfach übersehen. Einige meiner Freundinnen versuchten mir klar zu machen, dass ich mit meinem Freund, der nicht nur 13 Jahre jünger war, sondern auch mit den erfolgreichen Karrieremännern nicht mithalten konnte und ihrer Meinung nach kein angemessener Mann für mich sein konnte, die anderen nur verunsichern würde. Niemand würde wissen, wie man sich ihm gegenüber verhalten soll. Worüber sollten sie sich mit ihm denn unterhalten? Ihre heile Welt wäre eben dadurch beunruhigt worden. Sie haben mir angeboten, doch allein vorbeizukommen, denn ich sei ja noch immer ihre Freundin.«*

Der Gedankensprung zum »normalen« Liebespaar lohnt sich: Der 45-jährige Mann, der wegen seiner 21-jährigen Freundin von der Einladungsliste seiner Freunde gestrichen wird, soll er wirklich lieber allein vorbeikommen?

Betrachtet man die »schönen fünf Jahre«, die dem Frau-älter-als-Mann-Paar in Aussicht gestellt werden, kann man ebenfalls entdecken, dass daraus nicht reine Freundschaft spricht. Der Freundin, die den »passenden« Partner gefunden hat, wünscht man Glück fürs ganze Leben.

Welche Beziehung hält heute noch ein Leben lang? Diese Gegenfrage ist wichtig, doch sie entlastet nicht. Denn beim »normalen« Paar wird am Anfang nicht vom Ende gesprochen. Und weil die Freunde ans Ende denken, sind sie froh, eine Möglichkeit zu finden, dies nicht auszusprechen. »Mach dir ein paar schöne Jahre« ist nicht leichtfertig dahingesagt. Vielleicht steckt sogar der aufrichtige Wunsch dahinter, die Freundin möge länger glücklich bleiben: Aus den fünf könnten zehn schöne Jahre werden. Aber dann?

## Auch die Liebe ist genormt

Was Liebe wirklich bedeutet, ist nicht eindeutig und absolut verbindlich zu fassen. Der Inhalt von Liebe wird durch unterschiedliche Aspekte geformt. Das, was unter Liebe zu verstehen ist, wird vom Zeitgeist geprägt.

Zunächst als Leitbild einer elitären Minderheit propagiert, hat die Liebesheirat seit der deutschen Romantik ihren festen Platz in unserer Kultur. Seitdem beruht die Verbindung zwischen Frau und Mann auf freier Wahl – dem Ideal nach und insofern sicherlich, als sie kaum noch aufgrund von Arrangements der Eltern oder Verwandten des Paares zustande kommt. Die Liebe entscheidet die Wahl.

Tatsache ist jedoch, dass die vor der Liebesheirat geltenden Kriterien der Partnerwahl, wie zum Beispiel materieller und geistiger Besitz, Prestige, Macht und körperliche Vorzüge, durchaus nicht ihren Tauschwert bei der Partnerwahl verloren haben.

Der an sich abstrakte, inhaltslose Liebesbegriff wird mit individuellen Vorstellungen gefüllt. Unter der Bezeichnung Liebe lassen sich die unterschiedlichsten Motivationen für die Wahl einer bestimmten Person begründen. Mit Liebe kann Fürsorge genauso gemeint sein wie Unterdrückung verschleiert werden. Liebe versammelt Vorstellungen von Leidenschaft, Treue, Intimität und kann ein Gefühl von Gleichheit bedeuten. Sie lässt sich mit den inneren Werten einer Person genauso verknüpfen wie mit Erwartungen an ein Handeln, das als liebendes empfunden wird.

Doch unabhängig von der Bedeutung, die Liebe für den Einzelnen besitzt, nimmt sie einen hohen Rang in der

Wertehierarchie unserer Kultur ein. Der Anspruch ist hoch. Trotz der Vieldeutigkeit des Wortes hat Liebe einen unangefochten hohen Ruf. Sie wird mit positiven Eigenschaften verknüpft. Die Liebe zu Gott, die Liebe zum Kind, zum Nächsten, zum Ehepartner: achtbar und hoch anzurechnen. Dem widersetzt sich die allgemeine Vorstellung, dass die Liebe zwischen einer älteren Frau und einem jüngeren Mann durch niedrige Motive zustande kommt. Sagt eine Frau, sie liebt einen Jüngeren, so kann dies – das wird behauptet – nur sexuelle Abhängigkeit sein; liebt der Mann eine Ältere, meint er ihr Geld. Wer etwas Unerwartetes tut, dem werden gern die niedrigsten Motive untergeschoben.

Die Wirklichkeit der Partnerwahl macht deutlich, dass Liebe nur dann als Motiv akzeptiert wird, wenn auch sonst alles der Norm entspricht – Standeszugehörigkeit, finanzielle Verhältnisse, Körpergröße, Altersunterschied. Mit anderen Worten: Wenn die Frau angesehener, reicher, größer oder älter ist als der Mann, trägt auch die Liebe nicht zur Überbrückung oder Kompensation der Abweichung bei. Dann wird Liebe mit Geringschätzung bedacht, entstellt und vielleicht sogar als Skandal markiert.

Das gilt immer noch für homosexuelle Beziehungen, trotz der öffentlich-rechtlichen Anerkennung, es gilt immer noch für Ehen mit Ausländern – wobei deren Nationalität und Hautfarbe eine Rolle spielen, und es gilt auch dann, wenn die Frau älter ist als der Mann.

Wenn Liebe als Erklärung für die Wahl einer Partnerin und eines Partners anerkannt ist, müsste sie als Argument ebenfalls für die Frau gelten, die den Jüngeren wählt, und für den Mann, der sich für die Ältere entscheidet – aus Liebe. Alle anderen Motive für die Partnerwahl müssten sich der Liebe unterordnen.

Liebe bedeutet aber auch, sich gegenseitig bei der geistigen Entwicklung zu unterstützen. Historisch betrachtet, gilt diese Aufgabe für die Liebe seit der Zeit der deutschen Romantik, als Liebe zum entscheidenden Erlebnis erhoben und gleichzeitig als Bedingung für die volle Herausarbeitung der Individualität und einzig mögliche Voraussetzung für eine Ehe definiert wurde. Mann und Frau gehen nur deshalb eine Beziehung ein, weil sie sich lieben, und diese Liebesbeziehung ist gleichzeitig das selbstverständliche Bedürfnis, sich gegenseitig bei der Verwirklichung der inneren Person beizustehen.

Im Rahmen dieser aufklärerisch-romantischen Bewegung schien eine Beziehung, in der die Frau die Ältere ist, nichts Unmögliches zu sein, solange das Motiv die Liebe war. Sie ist der historische Hintergrund der Ehe zwischen Caroline und Friedrich Wilhelm Joseph Schelling. Neben Caroline Schlegel-Schelling sind eine Reihe von Frauen bekannt, wie Charlotte von Stein, Dorothea Veit-Schlegel, Annette von Droste-Hülshoff, die sich die Freiheit nahmen, Männer zu lieben, die jünger waren als sie selbst. Gemessen an den bürgerlichen Maßstäben war eine solche Verbindung eine Herausforderung der geltenden Werthaltungen. Sich als Frau und Mann zur geistig-körperlichen Liebe als Basis und Zweck der Ehe zu bekennen und diese nicht vorrangig als Dienst der Frau am Mann und an den Kindern zu verstehen, das war für viele skandalös.

Und heute? Können wir uns unsere Beziehungspartner wirklich frei und nach eigenem Geschmack wählen mit der Begründung, dass wir den Partner lieben? – *Beate*s Erfahrung:

*»Für manche ist es heute noch ein Skandal, dass ich mit einem 20 Jahre jüngeren Mann zusammenlebe. Meine Mutter und meine ältere Schwester geben mir das Gefühl, ich hätte etwas furchtbar Anstößiges getan. Ich hatte Mühe, mich nicht von ihren Warnungen beeinflussen zu lassen. Sie drohten mir regelrecht immer wieder, dass meine Be-*

*ziehung mit Christoph nicht funktionieren könne, weil ich so viel älter bin.«*

## Von der Überwindung der Unterschiede

Um Mauern abbauen und Vorurteile auflösen zu können, braucht man Einblick in die Lebenswelt des anderen. Dazu gehört, sich mit der Alltagswelt des Partners vertraut zu machen. Ben zum Beispiel hatte mit Marga eine gemeinsame Welt, die ihre jeweilige Alltagswelt nicht einbezogen hat. Als sie sich verliebten, hatte ihn Marga zunächst nicht mit ihrer Familie bekannt gemacht. Es war eine »Vorsichtsmaßnahme«, sagt sie. Sie wollte sich erst ihrer eigenen Gefühle sicher sein, bevor sie ihn zum Beispiel mit ihren Kindern bekannt machen wollte. Als sie ihn nicht mehr von ihrem Leben getrennt sehen wollte, lud sie ihn in ihr Haus ein. Sie war nicht sicher gewesen, ob er kommen würde. Denn ihn, so sagt er rückblickend im Gespräch, plagten Fragen, ob er sich in ihrer Welt denn wohlfühlen könnte, wie geschlossen ihre Welt sein würde, ob er wie ein Fremdkörper, wie ein Außerirdischer am Rande stehen würde? Zudem befürchtete er, von Margas Kindern abgelehnt zu werden.

Dann stand er vor der Tür. Befangen. Duftende, rosafarbene Wicken drückte er Marga in die Hand.

Losgelöst vom Alltagsleben ist es für ein »ungleiches« Paar leichter, in ihrer eigenen Liebeswelt zu leben. Es ist immer ein Risiko, sich auf unbekanntes Terrain zu begeben. Das Zusammentreffen mit der Lebenswelt der älteren Partnerin kann für den jüngeren Mann mit der Furcht verbunden sein, entweder den Test in ihrem Umfeld nicht zu bestehen und folglich abgelehnt zu werden oder zur Erkenntnis zu gelangen, in der »falschen« Welt zu sein. Ist er von der Unvereinbarkeit der Lebenswelten überzeugt, kann er sich überlegen, ob er die Beziehung zur älteren Frau weiterführen will. Wie etwa *Doris* berichtet:

*»Mein Partner wollte zwar mich, aber interessierte sich nicht für meine Familie. Er blieb auf Distanz. Doch allmählich hat er sich daran gewöhnt, denn er wollte mich nicht verlieren.«*

*Ben,* der sich auf Margas Lebenswelt einlassen wollte, schrieb als 39-Jähriger, inzwischen verheiratet mit Marga, 52, an Margas Tochter einen Brief, weil die sich zum 18. Geburtstag »Erinnerungen« wünschte. Er schrieb von dem Tag, an dem er zum erstenmal bei Marga und ihren Kindern eingeladen war:

*»Meine Erinnerung führt mich fast 20 Jahre zurück, in eine Zeit, die ich sehr genossen habe. Ich war jung, voller Ideale und, so glaube ich heute, recht kompliziert im Umgang mit den sogenannten normalen Menschen. Ich hatte in dieser meiner ›Freakzeit‹ eine sehr attraktive Frau kennen gelernt, verheiratet, drei Kinder, von denen ich nur durch Hörensagen wusste. Ich kannte die hübsche Frau seit etwa fünf Monaten, als sie mich an einem Frühsommertag zu sich nach Hause zum Nach-Geburtstagskaffeekränzchen einlud.*

*Ich war entsetzt: Reihenhaussiedlung, Establishment, tausende Kleinkinder, Hunde, Geschrei, Kinderwagen, Späher und Spione hinter Küchenfenstervorhängen! Trotzdem fasste ich Mut, tat den Schritt nach vorn und sagte mir, was soll's. Ich ging die Reihe der Häuser ab und hatte auch kein Problem, das Haus zu finden. Eine Nachbarin trat aus ihrer Eingangstür, musterte mich von oben bis unten, stellte den Küchenmüll neben die Tonne und verschwand wortlos wieder in ihrem Hauseingang. Also doch, ich wusste es, ich befand mich sozusagen auf Feindesgebiet.*

*Nur Mut! Ich klingelte, es wurde mir freundlich geöffnet, ich gab ganz brav meine mitgebrachten Blumen ab und SIE führte mich ins Haus und sagte: ›Geh doch bitte schon auf die Terrasse, ich bringe gleich den Kaffee.‹*

*Etwas unsicher in dieser ungewohnten Umgebung spähte ich durch das mit einem weißen Store verhangene Wohnzimmerfenster, und dort im Gärtchen, es dürfte wohl nicht mehr als 100 Quadratmeter groß gewesen sein, sah ich einige Kinder spielen. Ich ging hinaus und das Erste, was ich im Blick hatte, war dieses kleine Mädchen, ungefähr sechs oder sieben Jahre alt, mit einem süßen roten Kleidchen und großen Rehaugen, die mich anschauten. Die Kleine sagte: ›Du siehst aus wie Leo, möchtest du eine Limonade?‹ Ihre Augen und ihr Mund lächelten sich sofort in mein Herz. Wir tranken dann den Kaffee im Schatten, den der Balkon über uns spendete, und saßen auf den Gartenmöbeln, auf weißen Polstern mit bunten Querstreifen. Das kleine süße Mädchen saß neben mir und erzählte mir von ihren Hühnern und der Schildkröte Toto, die ausriss aus dem Garten; sie erzählte bewegt von der Suche nach Toto, von Wiesen und Baggern und vielen Dingen mehr, und ich fühlte mich plötzlich in dieser so fremden Umgebung unheimlich wohl.«*

Das, was Ben in seinem Brief an Margas Tochter erkennen lässt, sind seine Ängste vor der »fremden« Welt, und andererseits erkennt man seinen Mut und die Entschlossenheit, sich als sehr junger Mann auf das Abenteuer, eine ältere Frau zu lieben, einzulassen. Das Kind, die kleine Tochter von Marga, wurde zu seiner Verbündeten, weil die Unterhaltung mit ihr Bekanntes signalisierte, Vertraulichkeit und Sympathie, er fühlte kein Anderssein, sondern empfand sich eingereiht in deren Lebenswelt.

Seine Ängste hat er mit niemandem diskutiert, er zeigte sie auch nicht nach Außen. Sie wurden noch verstärkt, weil die Beziehung zur älteren Frau noch völlig offen war, keiner von beiden hatte außer dem Gefühl, verliebt zu sein, irgendeine Sicherheit, wie ernst das Gefühl zu bewerten ist. Und weil sie altersmäßig so entfernt voneinander gewesen sind, konnte Ben keine seiner Altersgruppe entsprechenden und daher bekannten Interpretationen zu Hilfe nehmen. Es war ein Wagnis, ein Experiment, eine Herausforderung, ein Test.

Wer sich angenommen fühlt, entwickelt Selbstvertrauen. Der Einblick in andere Welten erweitert das Blickfeld, formt Verstehen und Toleranz. Viele Paare, mit denen ich gesprochen habe, erwähnen, dass es für sie zunächst beunruhigend und gleichzeitig spannend gewesen sei, die geliebte Person in deren Lebensumfeld kennen zu lernen.

Das mag für das »normale« traditionelle Paar wohl in gewisser Weise auch der Fall sein. Wobei die jüngere Frau einer Einführung in das Lebensumfeld des älteren Mannes im Allgemeinen mit mehr Unsicherheit entgegensehen wird, als es ihr der Norm entsprechende ältere Partner ist, wenn er dem Umfeld der jüngeren Frau vorgestellt wird. Ist die Frau jedoch die Ältere des Paares, hat sie mit einer größeren Herausforderung zu kämpfen. Davon erzählt zum Beispiel *Karin*, 45:

*»Was mir in meinen Kreisen niemals schwer gefallen war, bereitete mir mit Lukas, 25, Kopfzerbrechen. Lukas und seine Freunde funktionierten nach anderen Regeln, hatten andere Umgangsformen, deren Signale ich nicht kannte. Ich war über mich selbst erbost, dass ich mich so leicht verunsichern ließ, obwohl ich weder schüchtern noch unbeholfen bin, auch nicht im Kreise jüngerer Personen. Lukas legte keinen Wert darauf, stets an meiner Seite zu sein. Er sagte: ›Ich will doch nicht immer an deiner Seite kleben‹ und meinte, es wäre peinlich für mich, wenn er dies täte. Er*

*liebte ja meine Unabhängigkeit, zweifelte nicht daran, dass ich mich auch in seiner Umgebung souverän einfügen kann, und war erstaunt, von meiner Unsicherheit zu hören. Ich war nicht an die lässige Sprache dieser jungen Leute gewöhnt, es fiel mir nicht leicht, über Themen zu reden, die ich aus ganz anderen Blickwinkeln sah, auch ihre Probleme, ihren Humor, alles fand ich schwierig. Das sagte ich Lukas.«*

Immer wieder musste Karin erfahren, dass Lukas sich intensiv seinen Freunden widmete, wo immer sie diese auch trafen. In den Kneipen, Cafés, bei Konzerten oder auf Partys. Aber er hatte begriffen, dass Karin als seine Partnerin einbezogen werden will. Es freute sie, wenn er seinen vorübergehenden Rückzug ankündigte, wenn er sie fragte, ob sie sich eine Weile um sich selber kümmern kann.

Sie befand sich auf ihrem Terrain, wenn sie Lukas in ihre Lieblingsrestaurants führte, ins Theater oder in ein Symphoniekonzert, eine Kunstausstellung oder »alte« Freunde besuchte. Auch wenn er behauptete, bürgerlichen Schnickschnack abzulehnen. Begleitete er sie auf Feste bei ihren Freunden aus ihrer Generation, dann staunte sie, wie geschickt er sich in dieser für ihn ungewohnten, etablierten Clique bewegen konnte. Er wirkte gelassen, sogar amüsiert. Ab und zu streiften die Blicke mancher Gäste sein langes Kraushaar, musterten seine enge, blaue Seidenjacke, und die Bemerkungen über seinen knackigen Hintern konnte sie mit einem wissenden Lächeln quittieren.

Die andere Person mit allen Möglichkeiten und Facetten zu kennen, ist ein lebenslanger Prozess. Das prozesshafte Kennenlernen ist gleichzeitig ein Grund, weshalb manche Paare ihre Beziehung kontinuierlich als spannend und stets interessant empfinden. »Er ist immer noch ein interessanter Mann«, sagte mir vor Kurzem eine Freundin, die mehr als 40 Jahre verheiratet ist. Dabei ist keine Einheit nötig, zum Paar verschmelzen, gleiche Ansichten vertreten, konfliktfreies Zusammenleben garantieren, alles verstehen, alles zusammen erleben, stets Gleiches tun – das ist für die ältere Frau und den jüngeren Mann von vornherein keine Gefahr. Sie treten ihre Beziehung mit Unterschieden an. Die im Vergleich zum »normalen« Paar umgekehrte Altersdifferenz beinhaltet, dass es »normal« für das unkonventionelle Paar ist, »anders« zu sein. Das Anderssein hält zum einen die Beziehung spannend, fordert zum anderen jedoch auch viel Toleranz. »Es gibt Unterschiede, die bleiben bestehen, weil sie Teil der Persönlichkeit sind«, sagt zum Beispiel Franziska, 48. Man kann sie einfach stehen lassen, kann sie respektieren als Teil, der zum Anderen gehört. Wenn es zum Beispiel um Geschmacksfragen geht, wie *Franziska* meint:

*»Ich lebe gern mit Möbeln, die eine Geschichte haben, nicht nur aus dem Familienbesitz, aber aus einer anderen Zeit, einer anderen Kultur. Das ist Teil meines Lebensstils. Mein 20 Jahre jüngerer Partner liebt dagegen modernes, schlichtes Design. Deshalb ist es schwierig, unsere unterschiedlichen Vorlieben miteinander zu leben.«*

Die Frage ist, wo kann Franziska nachgiebig sein. Wenn es nicht bei der Wohnkultur ist, dann muss es einen anderen Bereich geben, in dem er seine Vorlieben durchsetzen kann, damit die Unvereinbarkeiten nicht zu unlösbaren Konflikten werden.

## Es ist natürlich Liebe

Weil Liebe immer ein wenig sentimental ist.
Weil er weder ihr Geld sucht noch ihren Status braucht; er ist jung genug um sich Status selbst zu erwerben, obgleich er ihre Unterstützung schätzt, das tut sie doch umgekehrt auch.
Weil sie nicht das Gefühl hat, seine erotische Lehrmeisterin sein zu müssen, im Gegenteil, er gibt ihr die Basis zu ihrer absoluten Erfüllung, sie kann zur Höchstform auflaufen und er freut sich darüber.
Weil er sie nicht auf bestimmte Rollen festlegt, sondern mit Begeisterung sich von der Palette ihrer verschiedenen Persönlichkeiten überraschen lässt.
Weil er genau das ist, was sie sich immer erträumt hat für ihre eigene Entwicklung.
Weil er eine stete Quelle ihrer Lebensfreude ist; er ist da, um sie zu bewundern, sie anzuspornen, ohne Konkurrenzdenken, auch beruflich kann sie zur Höchstform auflaufen und er klatscht mit bewunderndem Blick Beifall.

# Kapitel V:

# Ein gemeinsames Leben

## Das Glück verkünden

Wenn sich zwei Menschen lieben, werden sie diesen Zustand ihren Freunden, Bekannten und der Familie kundtun wollen. Für das »normale« Paar eine Selbstverständlichkeit. Für die ältere Frau und ihren jüngeren Partner müssen sich erst die Gefühlswogen glätten, die nicht allein die Dynamik der Liebe verursacht hat, sondern die Vorurteile, die sie beschäftigen: Kann diese »altersverkehrte« Liebe überhaupt Liebe sein? Frauen werden dies im Allgemeinen zuerst mit ihren Freundinnen besprechen. Männer treffen ihre Entscheidung eher für sich allein. Nicht zuletzt deshalb, weil sie von ihren männlichen Freunden wenig Zustimmung erwarten und bei gleichaltrigen oder jüngeren Frauen in ihrem Umfeld voraussichtlich auf Verständnislosigkeit stoßen.

An einem sonnigen Tag hatte ich mich mit David, 40, zum Interview im Park verabredet. *David* erzählte, er habe anlässlich der Einladung zur Hochzeit seines Freundes plötzlich erkannt, dass er sich für seine ältere Frau entschieden hat:

*»Ich war gerade 26 geworden. Tanya und ich kannten uns schon gut ein Jahr. Mein bester Freund feierte Hochzeit. Die Frau, hübsch, drei Jahre jünger als er, drängte darauf. Warum auch nicht, sie lebten ja sowieso schon ein Jahr lang zusammen. Ich war natürlich eingeladen, wie auch die gesamte Freundesclique. Mein Freund forderte mich auf,*

*meine Freundin mitzubringen. Was sie denn eigentlich für eine geheimnisvoll gehütete Biene wäre, scherzte er. Ich hatte sie ihm noch nicht vorgestellt, weil ich mir selbst bisher nicht wirklich im klaren war. Nun aber fand ich, die Gelegenheit zum ›Outing‹ war gut. Mein Freund reagierte ungläubig: ›Was, die Tanya, mal ehrlich, das ist doch nicht dein Ernst!‹«*

Nein, David scherzte nicht. Er hatte sich entschieden, auf welche Seite er sich stellt. Die 40-jährige Tanya ist die Frau seiner Träume, und sie ist ihm nun mal an Lebensjahren voraus. Lebensjahre, die ihn faszinieren, weil sie auf der Verständigungsebene anregend sind, emotional sind sie unsichtbar für Menschen, die sich lieben. Er ist das Risiko, sich zu öffnen, eingegangen. Und hat ein Bekenntnis abgelegt.

Tanya sagt, sie konnte sich »befreit« mit David an ihrer Seite auf dem Fest des Freundes bewegen. Sie war stolz, David an ihrer Seite zu wissen. Jetzt, da er sie offiziell in seinen Freundeskreis eingebracht hatte.

Auch für die ältere Frau fällt die Entscheidung meist erst nach einem längeren Prozess. Sie entscheidet sich oft erst zur Veröffentlichung ihrer Liebe, nachdem ihr der jüngere Mann gezeigt hat, dass er keine Anstrengung scheut, um seine Liebe zu ihr zu dokumentieren. Davon berichtet *Almut*, 42:

*»Eines Tages, als ich ins Büro kam, hörte ich von der Sekretärin, ein junger Mann hätte nach mir gefragt. Sie hatte ihm mitgeteilt, dass sie mich erst um die Mittagszeit erwarte. ›Wer war es‹, wollte ich wissen. ›Ich weiß es nicht‹, sagte sie, ›er hinterließ keinen Namen, nur die Nachricht, er würde später noch einmal vorbeikommen und bis dahin auf der Wiese vor der Bibliothek warten.‹*

*Es war nicht schwer, ihn unter all den sonnengetönten jungen Menschen ausfindig zu machen, die in Gruppen diskutierend im Gras saßen oder ausgestreckt sich von der*

*Sonne wärmen ließen. Ich erkannte ihn an den weißen Armen. Er lag auf dem Rücken, hatte die Hände hinter dem Kopf verschränkt und schlief. Er war von Deutschland gekommen, um bei mir in Mexiko zu sein. Davon hatte er geträumt. Ich aber hatte nicht daran geglaubt. Meine Freunde, Kollegen und Studenten waren begeistert. Es hatte ja auch etwas unbezwingbar Romantisches, die Mühen einer umständlichen und langen Flugreise auf sich zu nehmen, um mich zu überraschen. Diese in meinen Augen verschwenderische und unerschrockene Liebe hat mich zur strahlenden Geliebten gemacht. Meine Liebe schien zu wachsen. Ich wollte mein Liebesverhältnis vor allen offenkundig machen, es hinausrufen in die Welt, mein Glück verkünden.«*

In den Gesprächen, die ich mit Frauen geführt habe, wurde klar, dass vor allem jene Frauen lange mit ihrer klaren Entscheidung für den Jüngeren zögerten, die sich aus einer früheren Beziehung befreit hatten, und jene, die in einem überwiegend konventionellen Umfeld leben, wo sich Vorurteile länger halten. *Gesine,* 36, liefert ein Beispiel. Sie ist geschieden und seit einem halben Jahr mit einem zehn Jahre jüngeren Mann zusammen:

*»Ich glaube an die wahre, die ewige Liebe. Die Frage ist nur, ob dieser Mann der Richtige ist, damit ich ihn auch ewig lieben kann. Oder er mich ewig lieben wird. Mein Gefühl signalisiert Sicherheit in dieser Frage. Und dennoch nagen die kleinen und größeren Zweifel. Nicht nur, weil alle um mich herum nicht vorbehaltlos überzeugt sind, nein, auch ich selbst kann meine Wenn und Aber nicht völlig beschwichtigen. Vor allem denke ich immer wieder: Und wenn es nur eine vorübergehende Verliebtheit ist?«*

Diese Frage kann sich jede Frau stellen, die sich in einen Mann verliebt hat, unabhängig vom Alter. Die Ältere jedoch denkt an die Schmach, die sie als ältere Frau erfahren könnte, wenn sie sich die Liebe des Jüngeren nur eingebildet hat.

Doch niemand verliebt sich mit Verfallsdatum oder auf Zeit, und niemand will das Ende der Beziehung schon an deren Anfang ins Auge fassen. Andererseits wissen wir auch, dass Liebe nie garantiert ist – und das ist völlig unabhängig vom Alter.

Die 43-jährige Edith beschloss, ihre Familie und Freunde ohne viel Vorbereitung mit ihrem neuen Freund zu konfrontieren. Sie lud alle zu einem Gartenfest ein. Ediths Tochter Mona löste bei den Partygästen zunächst ein wohlwollendes Lächeln aus, als sie meinte: »Einen jüngeren Mann lieben – das ist kaum möglich, wenn man 18 ist.« Dann traf Ediths neuer Liebhaber ein, ein schlanker, großer Mann im schwarzen Rollkragenpullover und schwarzer Jeans. Er küsste Edith und überreichte ihr einen Strauß roter Pfingstrosen. *Edith* stellte ihn vor:

*»›Jens und ich sind seit einem halben Jahr ein Paar.‹ Es war nicht zu übersehen, dass Jens um einiges jünger ist als ich. Ich wollte nicht jedem Einzelnen immer wieder von meiner neuen Liebe berichten, mich vielleicht sogar noch rechtfertigen müssen, sondern das für alle auf einmal klarstellen. Alle bekamen die Gelegenheit, sich ein eigenes Bild von ihm zu machen. Sie konnten ihn ansehen, beobachten, mit ihm sprechen, und der Gerüchteküche wurde vorgebeugt. Jens ist 29 und arbeitet als Referendar in der Anwaltskanzlei von mir und meinen Partnern. Eine Kollegin, zwei Jahre älter als ich, meinte einmal, als sie noch nichts von unserer heimlichen Liebe wusste: ›Der Jens ist schon toll, aber nichts für uns Alte.‹ Ich habe aber beschlossen, dass dieser Mann sehr wohl was für mich ist.«*

Es gehört Mut dazu, das Glück mit dem jüngeren Mann zu verkünden. Und fühlt sich umso besser an, wenn es schließlich offiziell ist.

## Jeder bringt seine Verwandtschaft mit

So selbstverständlich die neue Liebesbeziehung mit dem Jüngeren für das betreffende Paar auch sein mag, die vielen anderen Menschen in ihrem Umfeld werden sich erst daran gewöhnen müssen. Meistens erfahren zuerst die engen Freunde des Paares von der »ungleichen« Liebe. Erst wenn auch der weitere Freundeskreis und viele Bekannte längst davon wissen, werden gewöhnlich die Eltern und Verwandten über die Beziehung informiert.

Der Vater des jungen Mannes findet die Beziehung zur älteren Frau im Allgemeinen »erst mal lustig, zum Austoben« für seinen Sohn. Der 27-jährige Markus sagt, sein Vater hat versucht ihn aufzuklären, was eine ältere Frau für seine Zukunft bedeutet. Manchmal warnen Väter die ältere Freundin ihres Sohnes, wie dies zum Beispiel der Vater des 25-jährigen Florian tat, der zur 40-jährigen *Susanne* meinte:

*»Überlege dir, ob du noch bei ihm bleiben willst. Du bist jetzt in deinem besten Alter. Wer weiß, in ein paar Jahren sucht er sich eine jüngere Frau, und du stehst da, hast deine besten Jahre mit ihm verbracht und bist dann vielleicht zu alt, um noch einen netten Mann zu finden.«*

Susannes Wohl bedenkt er durchaus mit. Er warnt sie vor der Enttäuschung, die Gesetzmäßigkeit für ihn bedeutet.

Ihr Vater hingegen ist skeptisch, sagt bestenfalls »Du bist alt genug und musst wissen, was du tust«, er will ja, dass seine Tochter glücklich ist. Ihre Mutter vermutet zunächst einen unüberlegten Schritt der Tochter, sie macht einen Fehler, denkt sie, der Jüngere wird sie fallen lassen, das grenzt an Gesetzmäßigkeit, es wird ihr weh tun, aber bitte: Sie lebt auch sonst kein genormtes Leben, dann ist der Jüngere vielleicht nur die logische Konsequenz.

Seine Mutter wiederum befürchtet, dass ihr Sohn bestimmt und unterdrückt wird, zumindest in seiner Freiheit eingeschränkt oder mit zu viel Verantwortung belastet. Das wird auch in *Annikas* Beispiel deutlich:

*»Als wir ein Jahr verheiratet waren, hatten wir die Idee, uns eine Eigentumswohnung zu kaufen. Weil wir kaum Eigenkapital haben, machte mein Mann den Vorschlag, seine Eltern um Unterstützung zu fragen. Die Mutter schien grundsätzlich zu befürworten, dass der Sohn eine Immobilie erwerben will. Sie wollte sich aber wegen eines Kredits mit dem Vater besprechen. Dann hörten wir tagelang nichts mehr. Bis mein Mann anrief und wissen wollte, wie es nun stünde mit dem Geld. Die Entscheidung sei gefallen, sagte die Mutter, wir könnten keine Hilfe vonseiten der Familie erwarten, da ich ja schon so alt wäre und mein Mann in ein paar Jahren allein mit der monatlichen Belastung dastehen würde.«*

Bedenkt man, dass die Mütter dieser Söhne meistens durchaus emanzipierte Frauen sind, oft nicht wesentlich älter als die Frau, die an der Seite des Sohnes ist, stellt sich die Frage, weshalb gerade die Mütter ihrer unkonventionellen Schwiegertochter ablehnend gegenüberstehen.

Vielleicht spielt Neid eine Rolle, Neid darauf, dass diese Frau ein neues Glück beginnen kann. Vielleicht spielt Eifersucht eine Rolle. Eifersucht darauf, dass eine ihrem Alter nicht so fern stehende Frau den Sohn für sich beansprucht. Julian etwa erinnert sich, dass seine Mutter pikiert darüber war, dass seine Partnerin beinahe so alt ist wie sie – für manche Mutter wohl noch eine schlimmere Konkurrenz als die jüngere Frau, die ihr ihren Sohn entfremdet. Über die Ältere hat sie noch weniger Macht. Die ältere

Freundin ist weniger interessiert, über die Mutter den Zugang zu deren Sohn zu suchen. Sie will gar nicht wie die Mutter sein, ist selbst erfahren genug, Ratschläge braucht sie nicht. Offenheit bietet sie an, auch wenn sie zurückgewiesen wird. *Marion* zum Beispiel hatte keinen Erfolg:

*»Obwohl Julian mich seinen Eltern schon oft vorstellen wollte, findet seine Mutter stets Ausreden, um mich nicht zu sich einzuladen. Da Julian noch zu Hause wohnt, ist sie manchmal am Telefon, wenn ich ihn über das Festnetz anrufe. Dann ist sie jedes Mal äußerst kurz angebunden, sogar unfreundlich. Ich kann mir noch nicht vorstellen, wie Julian sich gegen diesen Widerstand durchsetzen kann.«*

Der Sohn entschuldigt seine Mutter. Der 30-jährige Harald berichtet:

*»Das ist halt zwischen meinen Eltern und mir ein ganz besonders diffiziler Bereich, weil sie eine grundsätzlich andere Auffassung von Partnerschaft haben als ich, und das ist mit Helga schon ziemlich geballt: geschieden, ein Kind, und noch dazu 13 Jahre älter. Das kann nicht gut gehen, ihrer Meinung nach.«*

Manchmal ist die Mutter im Gegenteil erleichtert, dass ihr Sohn eine starke Hand, Orientierung gefunden hat, um sich gut weiterentwickeln zu können. Sie geht davon aus, dass seine Unterstützung durch die unabhängige, bereits lebenserfahrene Frau gesichert ist. Vorübergehend, versteht sich, denn an ein immerwährendes Glück möchte sie auch nicht glauben.

Die größte Sorge von Moritz' Eltern war auch nicht der Altersunterschied, wie *Sandra* erzählt:

*»Mehr als der Altersunterschied schien seine Eltern unsere unterschiedliche Lebenssituation zu beunruhigen. Genauer gesagt, sie waren skeptisch, weil ich mein Studium abge-*

*schlossen hatte und schon einige Jahre berufstätig war und natürlich meine Karriere im Sinn habe. Ich war damals 33 Jahre alt und hatte mich gerade als Bühnenbildnerin bei einem großen Theater beworben. Ich wollte raus aus der Kleinstadt und hatte gute Chancen, die Stelle zu bekommen. Moritz hingegen hatte sich gerade überlegt, sein Betriebswirtschaftsstudium zu schmeißen. Er war 23 und plante, im elterlichen Betrieb einzusteigen, und dazu brauche er kein abgeschlossenes Studium, meinte er, weiter zu studieren wäre nur vergeudete Zeit.«*

*Moritz sagt: »Ich hatte gehofft, dass Sandra bereit ist, mich zu heiraten.« Im Juni, an ihrem Geburtstag, wollte ich ihr einen Antrag machen. Ich hatte mich schon Sandras Mutter anvertraut und ihr auch den Ring gezeigt, mit dem ich Sandra überraschen wollte.*

*Sandras Mutter fragte mich, wie wir unser gemeinsames Leben denn dann finanzieren wollten, wenn ich noch studiere. Das war der springende Punkt für mich. Das Studium fand ich sowieso langweilig und deshalb fiel mir die Entscheidung leicht, damit aufzuhören.«*

*Seine Eltern waren damit einverstanden. Moritz arbeitet seither im Betrieb, Sandra hat die Stelle in der anderen Stadt angenommen. Sandra und Moritz sind nun seit sieben Jahren ein glückliches Paar, auch wenn sie nicht täglich zusammensein können.*

Für manche Eltern glätten sich die Wogen, wenn sich bei den Kindern Nachwuchs ankündigt, wie zum Beispiel Esther berichtet. Vor drei Jahren hatte sie sich als Physiotherapeutin in ihrer kleinen Heimatstadt niedergelassen. Vor mehr als einem Jahr kam ein junger Mann in ihre Praxis. Er brauchte nach einem Skiunfall eine Nachbehandlung. Sie kamen ins Gespräch und stellten fest, dass sie beide gern in den umliegenden Wäldern wandern. Sie gingen zusammen wandern, er wurde schnell ihr bester

Freund und Liebhaber. Sie ist 28 und will ein Kind, bevor sie 30 wird. Michael ist 21. Er studiert noch und freut sich, Vater zu werden. *»Seine Eltern haben erst einmal geschluckt, als wir ihnen mitteilten, dass ich schwanger bin«, sagt Esther. »Aber dann haben sie ihre Hilfe angeboten. Genauso wie meine Eltern.«*

Mit dem Großelternbild ändert sich für die Eltern gleichzeitig ihr Bild von der »ungleichen« Verbindung. Nun, da sich eine Familie formt, sind der junge Mann mit der älteren Frau fast ein »ganz normales« Paar.

Um die Sicherheit einer »normalen« Beziehung bemühen sich oft auch die Geschwister. Während die Schwestern, je nach Alter, ähnlich wie Freundinnen reagieren, vertreten Brüder im Allgemeinen die traditionell männliche Sicht, wie das Beispiel von *Doris*, 35, zeigt:

*»Meine beiden älteren Brüder rieten mir eindringlich, die Finger von meinem Freund zu lassen und ihn keinesfalls zu heiraten. Sie sagten, ich hätte keine Ahnung, wie er sich entwickeln würde, wenn die erste große Verliebtheit vorbei sei, ein Mann fühle sich von einer älteren Frau irgendwann in seiner Entfaltung gehindert. Er erträgt es nicht, wenn die Frau ihm überlegen ist.«*

## Auch eine Traumhochzeit ist möglich

Nachdem Heiraten in den 1970er bis in die 1990er Jahre hinein noch als bemitleidenswert bürgerlich galt, ist die Traumhochzeit spätestens seit dem neuen Jahrtausend wieder anerkannt. Nicht etwa nur klammheimlich als Gang zum Standesamt, nein, ganz stolz und offiziell wird der Bund fürs Leben geschlossen, vorzugsweise im weißen Traumkleid und mit einem rauschenden Fest. Die Bereitschaft, eine Ehe einzugehen, ist selbst bei den bereits

Gestrauchelten noch immer hoch. Trotz der Erfahrung, dass Ehe schon lange nicht mehr als nicht auflösbare Verbindung bezeichnet werden kann, wird die Ehe in unserer Kultur weiterhin als dauerhafte Gemeinschaft betrachtet, und deshalb wird ihr ein Wert zugeschrieben. Manche ältere Frauen sagen, die Entscheidung zur Heirat bekräftige ihren eigenen Glauben an das Dauerhafte ihrer Verbindung zum jüngeren Mann. Sie sehen den Schritt in die Ehe als Befreiung vom Misstrauen, von dem Argwohn sich selbst gegenüber, von der Furcht vor der eigenen Abhängigkeit von den Vorurteilen. Die Befreiung heißt, seinem eigenen Urteil Glauben zu schenken.

Anna und Lorenz entschlossen sich zur Heirat, als sie sich schon 15 Jahre liebten. War dies nach den vielen Jahren des Zusammenseins wirklich nötig? Die viel zitierte Steuerersparnis als ausschlaggebender Beweggrund wäre bei ihrer beider Einkommen ein allzu lächerliches Argument. Fadenscheinig ist es ja in den meisten Fällen. Die Idee hatte sich bei einem Gespräch mit guten Freunden konkretisiert. *Anna* erzählt:

*»Als wir im Frühsommer mit unseren Freunden zusammensaßen, meinten sie: ›Wenn ihr sowieso schon bald 15 Jahre in eheähnlicher Eintracht lebt, könnt ihr das auch richtig tun.‹ Sie meinten, der Wiener Sommer biete sich ja geradezu für ein besonderes Fest an. In Wien Hochzeit zu feiern, das fand ich auch romantisch. Lorenz und ich hatten schon mehrmals eine Heirat in Erwägung gezogen. Aber nie waren wir beide gleichermaßen davon begeistert. Drängte ich, sah er keine Notwendigkeit, wollte er, bat ich um Bedenkzeit. Jetzt erschien uns beiden die Idee auf einmal passend. Sogar aufregend. Wie die unbändige Freude am Ende eines Ziels oder am Anfang eines Abenteuers.*

*Hatte sich unsere Beziehung in den Jahren, die wir in Wien zusammengelebt haben, nicht noch mehr gefestigt?*

*Bin ich nicht meinem Herzen gefolgt, meiner inneren Stimme? Oder habe ich instinktiv die Chance erkannt, mich durch Lorenz aus dem traditionellen Rahmen lösen zu können nach dem Motto: Mit ihm kann ich alles verwirklichen, was ich möchte und muss nicht auf Liebe, Familie, Beruf verzichten? Obwohl mich wenig Sicherheit, keine Garantie und volles Risiko erwartete.*

*Wir haben uns goldene Ringe gekauft und unsere Familien und Freunde angerufen: Feiert mit uns ein Fest!*

*Die Gäste erwarteten uns auf dem Platz vor dem alten Standesamt des Wiener 8. Bezirks. Neben unseren Freunden aus Wien waren auch meine besten Freundinnen aus Deutschland mit ihren ersten oder zweiten Männern oder allein gekommen, natürlich auch die Geschwister von Lorenz und meine Kinder. Die Stimmung war fröhlich und ausgelassen, ich war glücklich.*

*›Sind Sie auch sicher hinsichtlich der Namenswahl?‹, fragte die Standesbeamtin. Dabei schaute sie Lorenz skeptisch an.*

*Ich musste an eine Karikatur denken, die ich in einer Zeitschrift gesehen hatte.*

*Es sind zwei Bilder. Auf beiden eine Szene auf dem Standesamt. Auf dem einen Bild gratuliert der Standesbeamte mit heiterem Gesicht und ausgestreckter Hand dem Bräutigam. In der Sprechblase steht: ›Und nun darf ich Sie zu Ihrer reizenden jungen Frau beglückwünschen!‹ Das Brautpaar: eine junge Frau und ein alter Mann, der sich mit einer Hand auf einen Stock stützt, mit der anderen auf den abgewinkelten schlanken Arm der langhaarigen Mädchenfrau. Das zweite Bild zeigt die gleiche Situation, ein anderes Paar, den gleichen Standesbeamten. Zögernd wirkt er, mit herabhängenden Armen, die Hände ruhen auf dem Trauungsbuch. Diesmal steht in der Sprechblase der folgende Text: ›Ich meine – ich traue Sie gerne, aber haben Sie sich das auch gründlich überlegt, Herr Meier?‹ Herr Meier ist ein schlan-*

*ker, junger Mann. In der einen Hand hält er ein Blümchen, die andere hat er leicht auf den kräftigen Unterarm seiner Braut gelegt. Die Braut ist eine alte Frau, dickbusig, dickbäuchig, mit dünnem Haar, dauergewellt. Ein Altdamentäschchen baumelt am linken Handgelenk. Plump und unansehnlich steht sie neben dem jungen Bräutigam.*

*›Ja, natürlich‹, sagte Lorenz zur Standesbeamtin, ›ich möchte den Geburtsnamen meiner Frau haben.‹ Er lächelte sie an.*

*Nur Lorenz' Geschwister schienen leicht bedrückt zu sein ob der Namenswahl ihres Bruders.*

*Als meine Trauzeugin Susi nach wenigen Sätzen in ihrer Hochzeitsrede meinen geschiedenen Mann erwähnte, horchten meine neuen Verwandten befremdet auf. Sie sprach von seinem Verdienst, trotz der für ihn schwierigen Situation seit unserer Trennung den Kindern weiterhin ein geneigter Vater gewesen zu sein. Mir schien diese Bemerkung logisch. Susi und ich sind alte Freundinnen. Sie kannte mich schon, bevor ich Lorenz kennen lernte. Hätte sie meine Vergangenheit verschweigen sollen? Neben mir und Lorenz saßen meine Kinder. Sie hatten uns liebevoll in ihre Mitte genommen. Aber es sind nicht Lorenz' Kinder. Auch Lorenz hätte sich nicht vorstellen können, ihren Vater bei unserer Hochzeit verheimlichen zu müssen.«*

Die Heirat war für Anna und Lorenz – wie dies für viele der verheirateten »ungleichen« Paare der Fall ist – Ausdruck ihrer romantischen Liebe. Die Heirat kann für das Paar aber auch Ausdruck einer geglückten bisherigen Beziehung sein. Ein Beweis dafür, dass das Wagnis der Verbindung gelungen ist. Und eine Dokumentation der Bereitschaft, den Weg gemeinsam weiterzugehen. Dies beschreibt die 38-jährige *Arabella:*

*»Ich habe geheiratet aus der Freude heraus, dass unser zehnjähriges Beziehungsexperiment geglückt ist. Thomas und ich hatten Trennungen glücklich überstanden und uns immer wieder füreinander entschieden. Wir leben nun in Bremen zusammen, ich arbeite als Fremdenführerin, Thomas spielt im Rundfunkorchester. Es geht uns gut. Wir sind glücklich. Das ist man ja nur, wenn man Glück nicht anzweifelt.«*

Die offizielle Statistik gibt seit vielen Jahren an, dass etwa 20 Prozent aller Paare unverheiratet zusammenleben. Arabella ist der Meinung, die Anforderung an eine »Wilde-Ehe-Beziehung« sei größer, denn »die Beziehung müsse immer toll sein«. Die Manipulierbarkeit des Partners ist größer, man kann ihn eher unter Druck setzen durch Androhung von Verlassen, Beenden der Beziehung. Man braucht nicht mehr so viel Rücksicht zu nehmen: Wenn es nicht mit dir klappt, dann halt mit einer anderen Person. *»Es geht um freiwillige Verantwortlichkeit«, sagen Birgit, 37, und Holger, 27. »Schwierig ist es deshalb, weil es immer viele Gespräche und Klärungen erfordert in Situationen, die in einer Ehe eher als selbstverständlich gelten, wie etwa Treue oder gegenseitige Förderung oder wenn es um die Präsentation nach Außen geht.«* Für *Arabella* wurde die Definition ihrer Rolle zunehmend lästig, sagt sie*: »Ich mochte es nicht mehr gern, als Freundin oder Lebenspartnerin vorgestellt zu werden. Irgendwie fühle ich mich besser, wenn ich sagen kann: Ich bin seine Frau.«*

## Kinder in der Beziehung

Der stolze Vater und die glückliche Mutter geben die Geburt ihres Kindes bekannt. Der Vater ist stolz, dass die Mutter glücklich ist. Er ist stolz auf sein Kind. Er ist stolz, dass er Vater ist. Er ist stolz auf sich selbst. Vatersein erhöht den Glanz der Männlichkeit. Je älter der Vater, desto stolzer der Mann: das Charlie-Chaplin-Syndrom.

Wenn er jünger als seine Frau und Vater ist, hat er mit diesem Bild zu kämpfen. Er kämpft um die Anerkennung seiner natürlichen Autorität als Vater. In *Volkers* Beschreibung wird dies deutlich. Er ist 25 Jahre. Seine Ehefrau ist zehn Jahre älter. Sie haben ein vierjähriges Kind:

*»Gerade wenn man als Vater derjenige ist, der zehn Jahre jünger ist als die Mutter, möchte man als jener dastehen, der auch mal ein Machtwort sprechen kann. Ich bin immer ganz stolz, wenn ich merke, dass ich akzeptiert werde. Es gibt auch Situationen, in denen habe ich das Gefühl, dass ich als der Unterlegene gesehen werde. Und wahrscheinlich will man auch vermeiden, dass man in den Augen anderer Leute so dasteht. Deshalb nehme ich das Vatersein ziemlich ernst, auch wenn es recht anstrengend ist.«*

Ist er Vater und seine neue Partnerin älter als er, fürchtet er auch um das Bild, das er als Mann seinen Kindern vermittelt. Leos Kinder zum Beispiel sind 19 und 17 Jahre alt. Sie leben bei ihrer Mutter, seiner ersten Frau. Helena, seine jetzige Partnerin, ist 59 Jahre alt. *Leo* ist 42:

*»Meine Kinder haben Helena noch nicht gesehen. Ich glaube, sie werden schockiert sein. Ich kann mir vorstellen, dass sie sagen werden: ›Was willst du denn mit einer alten Frau? Es gibt doch so viele junge.‹ Die Kinder finden mich aktiv und attraktiv, deshalb werden sie vermutlich nicht verstehen, warum ihr gut aussehender Vater sich ausgerechnet eine ältere Frau gewählt hat.«*

Die Alltagswirklichkeit kennt die Ansicht, eine Frau mit Kind finde schwerer einen Partner als eine Frau ohne Anhang. Und die Wahrscheinlichkeit, wegen der Kinder verlassen zu werden, sei größer, sagt *Irma:*

*»Wenn man so unter Frauen erzählt, die auch geschieden sind und Kinder haben, dann sagen sie, dass man eigentlich großes Glück gehabt hat, wenn einer, noch dazu ein Jüngerer, bei einer Frau mit zwei Kindern auch wirklich bleibt.«*

*Um ihn nicht wegen der Kinder zu »vertreiben«, strapazierte sich Irma als »Ausgleichsmedium« im fordernden Kinderalltag: »Sicher war es für ihn nicht leicht mit den Kindern. Aber ich denke, es war für mich am schwierigsten, weil ich dazwischen stand. Ich bin zum Beispiel lieber mit den Kindern allein in Urlaub gefahren, weil ihn die Streitereien der Kinder immer belasteten, und dann belastet es mich auch, obwohl ich diesen Streit sonst gut aushalten kann, für mich ist das normal. Aber dann stand ich ständig unter dem Druck, Ausgleich schaffen zu müssen oder Situationen zu vermeiden, wo man befürchten musste, dass es wieder was zu nörgeln gibt. Mit den Kindern allein konnte ich mich wirklich erholen, es war viel entspannender.«*

Die ältere Frau und Mutter, die mit einem jüngeren Partner zusammenlebt, entwickelt ein sensibles Zuständigkeitsgefühl in Erziehungsfragen. Mit dem Ergebnis, das sie sich im allgemeinen als Mutter überverantwortlich verhält. Dies bedeutet für sie auch, den jüngeren Partner aus dem Erziehungsgeschehen auszuschließen, wie dies zum Beispiel *Cordula* erklärt:

*»Es sollte niemand auch nur den Verdacht hegen können, dass ich leichtsinnig gehandelt habe, als ich mit den Kindern meinen Mann verlassen habe. Ich trage die Verantwortung und brauche niemanden, der sie mir abnimmt. Schließlich war es meine Entscheidung, ein solches Leben einzuschlagen, und dazu stehe ich auch als Mutter.«*

Cordulas Kinder waren 7 und 13 Jahre alt, als die sich von deren Vater trennte. Ihr Partner war 25, als sie sich mit ihm zusammentat.

Vaterersatz zu sein lehnt der jüngere Partner von sich aus ab. Zum einen fühlt er sich »vom Alter her nicht geeignet«, wie zum Beispiel Franz, 26, sagt. Und zum anderen befürchtet er, von der älteren Frau als inkompetent in Fragen der Erziehung abgewiesen zu werden. Franz erklärt, weshalb er sich als eher störend empfindet: »Wenn sie schon so lange Kinder betreut und erzogen hat, dann hat sie mir diese Erfahrung voraus. Da möchte ich mich nicht einmischen.« Nicht ins Erziehungsgeschehen einzugreifen hat für den jüngeren Mann noch einen anderen Grund. Stefan spricht davon: »Der Jüngste war zehn, als wir zusammengingen. Da war auch noch der Vater, der immer Angst hatte, dass ihm die Kinder entfremdet würden. Ich wollte die Kinder in keinen Zwiespalt bringen.«

Die Lebensjahre, die der Mann jünger ist als die Frau, erweisen sich für das Familienzusammenleben im Allgemeinen jedoch als Vorteil, wie *Kathrin*, 41, unterstreicht:

*»Er geht mit ihnen zum Spielplatz, ins Schwimmbad, packt sie aufs Fahrrad, nimmt sie mit auf Abenteuerspielplätze, was ich überhaupt nicht mag, ich weiß auch nicht genau, warum, vielleicht wegen meines Alters. All das nimmt mir eine ganze Menge Druck ab. Ich kann mich mal als Mutter einfach ausklinken und kann ihn all diese Dinge machen lassen. Das gibt mir Zeit zum Atmen und eine Verschnaufpause, wenn man ansonsten 24 Stunden am Tag eingespannt ist.«*

Sich für die Elternschaft zu entscheiden birgt für das Frau-älter-als-Mann-Paar einen besonderen Konflikt: Mutterschaft ist an biologische Abhängigkeit geknüpft, Vaterschaft in diesem Sinne nicht. Die biologische Grenze der Frau ist eine endgültige. Frauen, die im mittleren Lebensalter Mutter werden, folgen einem Trend, sich erst dann für ein Kind zu entscheiden, wenn bestimmte Voraussetzungen erfüllt sind. Die Soziologin Elisabeth Beck-Gernsheim nennt zum Beispiel Zeit zur eigenen Entwicklung, Zeit zur Verankerung im Beruf, eine stabile Partnerschaft oder eine befriedigende Arbeitsteilung mit dem Mann« als mögliche Bedingungen.[3]

Bewusste Elternschaft ist aber auch mit der Vorstellung verbunden, ob man eine ältere oder eine junge Mutter sein will, ein älterer oder ein junger Vater. Diese Überlegungen können die Entscheidung der Kinderfrage beeinflussen. *Gudrun,* 35 Jahre, erzählt zum Beispiel:

*»Ich wollte eigentlich immer eine junge Mutter sein. Als ich selber noch jung war, habe ich immer gesagt: Wenn ich mal Kinder bekomme, dann möchte ich, dass ich selber noch jung bin, dass sie eine junge Mutter haben. Jetzt denke ich mir, wenn ich schon eine ältere Mutter bin, dann möchte ich, dass sie wenigstens einen jungen Vater haben. Deshalb möchte ich jetzt bald Kinder haben.«*

Gudruns Wunsch, die Vorstellung vom jungen Vater zu verwirklichen, veranlasst ihren Partner, sich mit seiner Einstellung zur Vaterschaft zu konfrontieren. *Boris,* Gudruns Partner, sieht sich in einer schwierigen Situation. Er sagt:

*»Ich wünsche mir auch Kinder, aber nicht jetzt und sofort. Wenn ich Kinder in die Welt setze, dann muss ich auch für sie sorgen können. Wenn ich jetzt schon einen sicheren Job hätte und ich es mir quasi leisten könnte, dann ja. Aber gerade in meinem Beruf ist es mühsam, sich eine gewisse Sicherheit aufzubauen.«*

Für den Konflikt der beiden gibt es kein allgemeingültiges Rezept. Weil Männer bis ins späte Lebensalter Kinder zeugen können, fühlen sie die Bedrohung der vertanen Chance nicht. Aber sie fühlen sich bedroht, wenn sie bedrängt werden, glaubt *Tanya,* 40. Sie wäre bereit, eine Familie zu haben. *»Jetzt, wo ich beruflich etabliert bin und in* *dieser Hinsicht das erreicht habe, was ich wollte, würde ich gerne ein paar Jahre mit einem Mann zusammenleben und dann Kinder haben«*, sagt sie. Aufgrund ihres Alters muss sie die Zweisamkeit mit dem Mann zugunsten des Kindes streichen.

Muttersein verleiht »Normalität«. Für viele Frauen ist Muttersein Teil des »normalen« Frauenlebens, es gibt einer Partnerschaft Sinn und die Hoffnung auf Dauerhaftigkeit. Wird dieser Sinn bedroht, stellt sich bei vielen Verzweiflung ein, und die nahende Unfruchtbarkeit bringt ein leidvolles Schicksal. Die 43-jährige *Elisabeth* zum Beispiel hat Angst, dass ihre Ehe mit dem jüngeren Mann auf dem Spiel steht, wenn sie kinderlos bleibt.

*»Jetzt habe ich kaum noch Zeit. Ich hatte bereits zwei Fehlgeburten. Ich bin mir meiner geringen Chancen, noch ein Kind zu bekommen, bewusst und das bedrückt mich sehr. Mein Mann dagegen hat diese Gnadenlosigkeit des Schicksals nicht zu fürchten. Er muss sich lediglich überlegen, ob er bei mir bleiben will, wenn ich tatsächlich kinderlos bleibe. Ich glaube, das ist eine große Bedrohung unserer Beziehung. Wenn ich jetzt 35 wäre, dann müsste ich längst nicht so verzweifelt sein, aber mit 43 ist meine Lebensgeschichte als Mutter vorgezeichnet. Mir bleibt nur übrig, zu versuchen, in den nächsten Monaten schwanger zu werden.«*

Ihr Ehemann hat nie in Erwägung gezogen, seine Frau wegen Kinderlosigkeit zu verlassen.

Kinderlos zu bleiben ist ein Lebensentwurf, den inzwischen manche Paare wählen. Eva zum Beispiel sagt: »Ich habe in meinem ganzen Leben keine Kinder gewollt. Ich mag Kinder, aber die Sehnsucht nach Schwangerschaft ist mir vollkommen fremd.« In ihrer Ehe mit dem zehn Jahre jüngeren Mann fühlt sie sich vom Anspruch, Mutter zu sein, befreit. Wie sie sagt, hat ihr Mann »nicht das Gefühl, sich fortpflanzen zu müssen. Er sagt, er muss sich nicht unbedingt verewigen. Und so, wie er strukturiert ist – ich kenne ihn jetzt lange genug –, ist das seine volle Überzeugung. Ich glaube nicht, dass sich daran etwas ändern wird.«

Ob die finanzielle Situation von Eltern heute Kinder ermöglicht, wird weniger gefragt. *Gerlinde* spricht diesen Aspekt jedoch an:

*»Weil wir keine Kinder haben, haben wir es natürlich leichter. Man kann sich mehr aufeinander konzentrieren. Mein Mann empfindet das auch sehr wohltuend, das sagt er immer wieder. Außerdem könnte ich nicht von der Arbeit zu Hause bleiben, denn mit einem Gehalt kann man ja heute nicht mehr leben. Daher haben wir jetzt auch keine Geldschwierigkeiten und können machen, was wir wollen. Weil wir auch keine Verantwortung für Kinder haben, haben wir es leichter. Von daher sind einige Reibereien ausgeschaltet. Gegenüber Paaren mit Kindern haben wir einen Vorteil.«*

Mit der Ankunft eines Kindes wird auch die späte Mutter jung. »Junge Mutter« ist eine Position, ein Status, für den Lebensalter nicht das entscheidende Merkmal ist. Alle Mütter müssen in ihre Rolle wachsen. Ihre Sorgen unterscheiden sich kaum: Wie wird gestillt, wie lange, weshalb? Welche Windeln sind besser? Was tun, wenn das Kind schreit? Kommt der erste Zahn zu spät? Wann ist das Kind sauber? Der Kampf um den Kindergartenplatz, die Schulreife, der erste Freund. Mütter tauschen Erfahrungen aus. Kinder verbinden Mütter. Das ist ein Grund, weshalb Kinder der älteren Mutter und dem jüngeren Vater »Normalität« verleihen können.

*»Die Berufskollegen meines Mannes haben alle die normalen jüngeren Ehefrauen. Wir haben uns selten privat getroffen, es gab ja überhaupt nichts, was ich mit diesen Frauen gemeinsam hatte, und mein Mann sah die Männer im Büro. Die gegenseitige Reserviertheit hat sich eigentlich erst mit den Kindern gelegt. Ich habe Kinder bekommen und sie auch, und jetzt haben wir sozusagen gemeinsame Interessen«, berichtet Ines, »da verwischt sich der Altersunterschied zwischen den Frauen.«*

Nicht für alle älteren Frauen, die einen jüngeren Mann lieben, steht die Frage der Mutterschaft im Vordergrund, weil weder sie selbst noch ihr Partner unter Zeitdruck stehen. Das heißt, beide sind in einem Alter, in dem die Entscheidung für oder gegen Kinder nicht notwendigerweise gefällt werden muss. Dies spricht *Sabine* an:

*»Ich bin 31. Hätte ich nun einen älteren Mann, der würde vermutlich erwarten, dass ich mich jetzt entscheide, weil er schon um die 40 wäre.« Das jüngere Lebensalter ihres Partners ist dagegen eine Erleichterung: »Ich sehe für mich einen großen Vorteil darin, einen jüngeren Partner zu haben. Ich habe nie das Gefühl, da ist jemand, der darauf drängt, dass ich jetzt Kinder kriege und er sich seiner Karriere widmen kann. Wenn ich später irgendwann mit Mitte oder Ende 30 meine Kinder haben möchte, vorausgesetzt, dieser Wunsch besteht dann noch, könnte ich vielleicht sagen, o. k., ich arbeite jetzt als freie Journalistin zu Hause und bekomme die Kinder. Aber bis dahin habe ich Zeit, in der ich nicht Rücksicht nehmen muss, dass da schon jemand ungeduldig wird.«*

Wenn die Frau 30 ist und der jüngere Mann noch keine Kinder will, ist es heute kein Problem. Die Frau gerät kaum in Panik, sie hat ja noch gut zehn Jahre Zeit.

Wenn sie 40 ist und bereit, Mutter zu werden, und sich

in einen Jüngeren verliebt, der aber nicht gleich Kinder haben will, hat sie ein Problem.

Wenn sie bereits Kinder hat, er keine eigenen will, nach einigen Jahren aber doch ein eigenes Kind möchte, kann er dies nur noch mit einer jüngeren Frau verwirklichen.

Was ist, wenn er sagt, dass er keine eigenen Kinder will?

*»Es fiel mir schwer zu glauben, dass er auf Kinder verzichten will, nicht wirklich verzichten, sondern er behauptete, keinen Wunsch nach eigenen Nachkommen zu verspüren«, berichtet Anja. »Er sagte, wir haben doch Kinder, und meinte natürlich meine Kinder. Ich dachte, diese Meinung kann er doch jederzeit ändern, er ist jetzt noch zu jung, um eine endgültige Entscheidung zu treffen. Inzwischen sind ›unsere‹ beiden Kinder erwachsen, wir sind nun schon 20 Jahre zusammen, und er hat sich tatsächlich nie ein eigenes Kind gewünscht.«*

Wenn die ältere Frau bereits Familie hat, weiß der Jüngere, worauf er sich einlässt. Also ist er im Allgemeinen auch bereit, diese Familie mitzutragen, wenn man ihn lässt.

## Aus der Sicht eines Kindes

Als Grit und Lukas heirateten, schenkte ihnen Grits Tochter *Karolin*, 23 Jahre alt, eine Rede. Sie zeigt, dass Kinder den jüngeren Mann akzeptieren können, weil er die Mutter liebt. Wer die Mutter schätzt, wird auch die Kinder achten und lieben. Und wenn sie sich geachtet und geliebt fühlen, können Kinder Achtung erwidern. So mag der jüngere Mann zwar kein traditionelles Vaterbild vermitteln, doch Vorbild eines liebenden Partners sein:

*»Es war einmal eine Familie: meine Mutter, meine beiden Brüder, ich und er. Er war Lukas, Freund und Liebhaber*

*meiner Mutter. Er gehörte gleich zu unserem ›Haufen‹ dazu. Ich war damals acht Jahre alt und muss gestehen, ich kann mich an unser erstes Zusammentreffen nicht mehr erinnern. Ich habe es nicht als etwas Unangenehmes verdrängt, sondern habe es als nichts Gravierendes oder Bestürzendes angesehen, diesen lieben Menschen in die Familiengemeinschaft aufzunehmen – ist doch wohl normal, oder?*

*War ich eifersüchtig? Oder hatte ich das Gefühl, er würde mir meine Mutter streitig machen, oder hab ich mich gar verstoßen gefühlt? – Selten.*

*Dieses ›Selten‹ beziehe ich auf jene Minuten und Stunden, die ich als Kind gern allein mit meiner Mutter verbracht hätte. Tja, er durfte sich in ihr Bett kuscheln und ich nicht! Keine Angst, ich habe es ganz gut überwunden und denke, ich habe dafür viel wichtigere Dinge mitbekommen: Mir wurden Liebe, Lebensfreude und Geborgenheit vorgelebt und ich wurde mit einbezogen (außer im Bett!).*

*Was waren das für lebhafte, fröhliche Zeiten, ich komme ins Schwelgen – das Frühstück am Wochenende zum Beispiel. Ab und zu und sehr gerne habe ich das Frühstück hergerichtet. Leise tappte ich die Treppe hinunter – noch alles still – Geschirr raus, Kühlschrank auf, zu, die Kaffeemaschine angeworfen. Plötzlich Gekicher aus dem Nebenzimmer – aha, Lukas und Mami sind aufgewacht. Ich klopfte an die Tür: ›Frühstück ist fertig!‹ ›Wir kommen gleich‹, riefen sie zurück. Ich bin meistens noch mal die Treppe hoch, um meine Brüder zu wecken. In der Küche stellte meine Mutter das Radio an. Bert und Billie trudelten nacheinander ein. Lukas erschien ebenfalls, küsste meine Mutter, bis es ihr peinlich war, aber sie zahlte mit gleicher Münze zurück. Andere Eltern knutschen nicht so offensichtlich – das oder so etwas Ähnliches dachte ich mir damals. Ich fand es immer toll.*

*Wie sich Lukas bei Familienstreitigkeiten verhielt? Sel-*

*ten sagte er etwas dazu. Natürlich hätte ich mir als Kind manchmal seine Unterstützung gegen meine ›bösen‹ Brüder gewünscht. Ich hatte damals das Gefühl, dass meine Mutter sich auch mehr Unterstützung von ihm erwartet hätte.*

*Wie in jeder Beziehung gab es natürlich auch harte Zeiten, die Koffer vor der Tür, ausgesperrt, Heulereien. Traurige, getrennte Zeiten. So direkt mitbekommen habe ich die Auseinandersetzungen der beiden selten. Vielleicht hätte meine Mutter mit mir darüber reden sollen.*

*(…)*

*War Lukas Vaterersatz für mich? Hat er meine Partnerwahl beeinflusst – so sagt man doch: Die Tochter sucht sich meistens einen Partner mit Vaterähnlichkeit?*

*Ich bin mit meiner Suche zwar noch nicht am Ende, doch denke ich, dass ich sehr wohl jemanden suche, der so herzlich und liebevoll mit mir umgeht, auch in aller Öffentlichkeit, und wobei Ort und Zeit keine Rolle spielen. Die richtige Vaterrolle hat Lukas nie für mich übernommen. Trotzdem hatte ich nie das Gefühl, er würde uns im Stich lassen. Er war und ist Freund, ähnlich wie meine Mutter, und mit beiden fühle ich mich in Liebe verbunden. Ich bin sehr glücklich, dass ich so lange, glückliche Zeiten mit euch miterleben durfte. Und ich wünsche euch, dass ihr euer gemeinsames Leben weiterhin liebevoll und erfolgreich meistert.«*

Nicht immer verläuft die Anpassung der Kinder an den neuen Partner der Mutter so ideal. Kinder, die sich in der Pubertät befinden, tun sich manchmal schwer, den neuen Mann an der Seite ihrer Mutter zu akzeptieren. Vor allem dann, wenn er deutlich jünger als die Mutter ist. Das war zum Beispiel bei *Esther*, 42, so:

*»Meine 15-jährige Tochter hat ziemlich zickig reagiert, sie hat meinen Freund – damals war er 30 – völlig ignoriert.*

*Sie blockierte das Bad, redete nicht mit ihm, machte mir Vorwürfe, wenn ich abends mit ihm ausgehen wollte, kam tagelang nicht nach Hause, sondern blieb bei den Eltern einer Freundin und redete schlecht über mich. Sie wollte einfach nicht akzeptieren, dass ich auch ein eigenes Leben neben der Sorge für sie haben will. Inzwischen sind zwei Jahre vergangen, und das Verhältnis zwischen ihr und meinem Partner hat sich normalisiert. Er hat nie eingegriffen, hat sie nie zur Rede gestellt, hat sie praktisch in Ruhe gelassen. Und irgendwann hat sie den Protest aufgegeben, nachdem sie gemerkt hat, dass er sie nicht verdrängen will und sie weiterhin meine Liebe bekommt, eben nur nicht mehr ungeteilt.«*

Ist der jüngere Geliebte der Mutter etwa gleich alt wie deren Kinder, kann dies vor allem für die Söhne der Mutter schwierig zu akzeptieren sein, wie es auch *Lore*, 50, erzählt:

*»Mein Sohn hatte von Freunden erzählt bekommen, dass sie seine Mutter, also mich, nackt auf der Donau-Insel mit einem sehr jungen Mann gesehen hätten. Er kam in meine Wohnung, stellte mich zur Rede, konnte es nicht fassen, als ich ihm sagte, ja, Florian sei mein neuer Partner. Er müsse sich ja für mich schämen, wütete er. Dieser Florian sei ja gerade mal so alt wie er. Ob ich denn jetzt völlig durchgedreht wäre.«*

Hat die Mutter in ihrem Freundeskreis junge Menschen, deuten die erwachsenen Kinder dies als Zeichen von Flexibilität und Zeugnis toleranten Verhaltens. Eine erotische Verbindung der Mutter mit einem Mann, der ihrem Alter – dem Alter der Kinder – näher steht als dem Alter der Mutter, empfinden sie jedoch als Übergriff, der sie verunsichert.

## Auch im Beruf auf Augenhöhe

Wenn davon die Rede ist, dass wir uns unter »jüngerer Mann« vorstellen, er würde auch in seiner beruflichen Laufbahn oder im Hinblick auf seinen gesellschaftlichen Status der Jüngere sein, also der Älteren hinterherhinken, beweisen viele dieser Paare das Gegenteil. Wir müssen dabei gar nicht erst in die Vergangenheit blicken, gleichwohl ein paar berühmte Namen genannt sein sollen: Friedrich Wilhelm Joseph Schelling, Johann Wolfgang von Goethe, Frédéric Chopin, Robert Louis Stevenson oder John Lennon etwa. Und heute reichen die Beispiele vom König bis zum Punk. Von Carl Gustav von Schweden über Hugh Jackman, der 2008 vom amerikanischen *People Magazine* zum »Sexiest Man Alive« gekürt worden ist, bis Johnny Rotten, als er noch Sänger der Sex Pistols war. Männer, die – entgegen dem Vorurteil – Erfolg haben, reich sind, unabhängig, selbstbewusst. Weder weil diese Männer ihr Geld brauchen noch ihren Status – sie haben sich freiwillig für die ältere Frau entschieden, die sie lieben.

Wenn der Mann der Jüngere ist, heißt das also nicht zwangsläufig, dass seine ältere Frau den höheren gesellschaftlichen Status oder die erfolgreichere Karriere vorweisen kann. Sozialer Status – von dem die Wertschätzung innerhalb der Gesellschaft abhängt – ist Ausdruck für unterschiedlich bewertete soziale Positionen. Hat der jüngere Mann einen Beruf oder strebt er zumindest einen solchen an, der in der Rangordnung unserer Gesellschaft zu den hoch bewerteten Positionen zählt, kann dies bedeuten, dass er der Norm des »normalen« Partners über seine berufliche Leistung und/oder die Art des Berufes entsprechen kann. Was mir die 60-jährige *Roswitha* beim Interview erzählt hat, kann als Beispiel dienen:

*»Als ich Markus kennen lernte, war er 36 Jahre alt und mein Professor. Ich war 45 und nach einer früheren langjährigen Erwerbstätigkeit in eine Hochschulausbildung zurückgekehrt. Mein Vorteil den anderen Studentinnen gegenüber war mein Alter und die damit verbundene Lebenserfahrung. Theoretische Konzepte blieben für mich nichts Abstraktes, ich konnte sie problemlos in die Praxis übertragen. Das konnten die jungen Studentinnen kaum. Und Markus war beeindruckt, wie ich bald feststellte. Er diskutierte gern und oft mit mir. Es gab Zuneigungsbekundungen, ich habe ihn bewundert, vor allem auch deshalb, weil er in so jungen Jahren schon diese glänzende Karriere gemacht hatte. Immer habe ich gehofft, dass er in mir nicht nur die gute Studentin sieht und vor allem nicht die alte. Aber erst kurz nachdem ich mein Diplom in Händen hatte, kamen wir uns schließlich näher.«*

Für viele jüngere Männer ist es freilich entlastend, wenn ihre älteren Frauen erfolgreich im Beruf sind, ausreichend Geld verdienen und sie nicht in die Versorgerrolle drängen. Wie sich in den Interviews immer wieder bestätigte, achtet jedoch die ältere Frau im Allgemeinen darauf, dass der Jüngere nicht seine eigene Entwicklung vergisst. Die britische Designerin Vivienne Westwood, 69, seit 1992 mit dem 25 Jahre jüngeren Andreas Kronthaler, ihrem ehemaligen Studenten, verheiratet, sagte in einem Interview: »Ich liebe Männer. Aber die müssen machen, was sie wollen.« Kaum anzunehmen, dass ein älterer Mann diesen Anspruch an seine erheblich jüngere Ehefrau hat.

Ist der jüngere Mann Künstler, gilt er zwar als Außenseiter, genießt jedoch als Individualist gesellschaftliches Ansehen, das wohl zwiegespalten ist, weil das, was ein Künstler tut, nicht mit den üblichen Kriterien der Berufsstruktur zu fassen ist. Das macht ihn einerseits verdächtig, andererseits frei. Schöpferische Leistung rechtfertigt künstlerische

Freiheit, gestattet eine gewisse Befreiung von der Einhaltung gültiger Normen. Ein nicht normatives Verhalten wird als Merkmal der Künstlerwirklichkeit erwartet.

Die Verbindung mit der älteren Frau mag als Folge künstlerischen Lebensstils bewertet werden. Sie erleichtert dann dem jüngeren Mann, seine Beziehung zur Älteren als mit seinem eigenen Status vereinbar zu erleben, wie es die 31-jährige *Simone* mit ihrem zehn Jahre jüngeren Partner erlebt, der als Maler bereits öffentliche Anerkennung bekam: *»Für die Kreise in unserer Stadt, die uns kannten, waren wir halt das exotische Paar mit einem Künstlerstatus, und somit wurden wir eigentlich in Ruhe gelassen.«*

In den Gesprächen mit Partnern, die beide berufstätig sind, wurde deutlich, dass die ältere Frau zunächst die »Begünstigte« ist, wenn es beim Verfolgen beruflicher Ziele zu Konflikten kommt. Geht es um die Frage, wer zum Beispiel eine Chance wahrnehmen soll, wenn beide gleichzeitig Angebote bekommen, die sich nicht mit dem Wunsch eines gemeinsamen Wohnorts vereinbaren lassen, überlässt der jüngere Mann häufig der Älteren die Wahl. Sie soll nicht auf die eigenen Ziele verzichten. Eine solche Entscheidung trifft der Jüngere in der Zuversicht seiner Jugend, mit der Aussicht, mehr Jahre zum Aufholen seiner Karriere zu haben als seine ihm stets an Jahren vorauseilende Frau. Deshalb war es zum Beispiel *Mona*, 39, möglich, eine zweijährige Stelle in Hamburg anzunehmen, die für ihre Karriere sehr wichtig war. Sie sagt:

*»Mein Mann war damals 26 und hatte erst bei einem Autowerk angefangen. Wir wohnten in Ulm. Er wollte unbedingt, dass ich die Stelle annehme. Er ließ seine Arbeit einfach sausen, obwohl ich ganz dagegen war, und kam mit mir. Er meinte, er würde auch eine vergleichbare Stelle in Hamburg finden, aber ich sollte mir eine Absage meines tollen Angebots doch nicht überlegen.«*

Wenn die Frau die Ältere in der Partnerschaft ist, verfolgt sie selbstbewusst ihre eigene Entwicklung. Nicht jedoch auf Kosten oder ungeachtet der Situation des Jüngeren. Es liegt ihr daran, dass auch er seinen eigenen Weg geht, nicht an der Hand genommen wird, um müheloser vorwärts zu kommen, oder sich als »Trabant« der erfolgreichen Älteren begnügt.

*Annabelles* Beispiel verdeutlicht diesen Anspruch der älteren Frau, die Entwicklung des Jüngeren nicht zu übersehen, sondern eher zu fördern:

*»Harry ist 14 Jahre jünger, er hat seinen erlernten Beruf als technischer Zeichner nie ernsthaft verfolgt. Er verstand sich als Künstler, auch als Lebenskünstler. Was ihm nur dadurch gelingen konnte, weil er mit mir zusammen war. Ich habe die Rolle der Versorgerin übernommen, wie es üblicherweise ein Mann tut, wenn er seiner jungen Frau die Sicherheit bietet, dass alles, was immer sie beruflich unternimmt, durch ihn abgestützt wird im Falle des ausbleibenden Erfolgs. Als ich einen interessanten und lukrativen Auslandsjob angeboten bekam, kam Harry mit, wie eine begleitende Ehefrau, und wurde mein junger Privatchauffeur und Hausmann. Ich war die Brotverdienerin, und Harry, nach seinem Beruf gefragt, sagte: Ich kümmere mich um meine Frau.*

*Die ersten Jahre fand ich diese unsere Rollenteilung schön und angenehm. Als ich merkte, dass er vor seinen Fähigkeiten ausweicht, indem er sich schließlich hinter einer nahezu bedeutungslosen Arbeit versteckte, war mir klar, dass es so nicht weitergehen könne. Ich habe genügend Geld verdient, er hatte genügend Zeit. Also machte ich den Vorschlag, er solle darüber nachdenken, was er wirklich gern für sich erreichen wollen würde. Es könnte eine Weiterbildung sein, eine ganz neue Ausbildung, einfach etwas, was er sich erträumt, es ist jetzt die beste Zeit, sagte ich ihm. Ich hatte auch mit meiner Freundin darüber gesprochen, die unsere Ehe stets recht kritisch sah. Sie glaubte, durch meinen Erfolg wäre Harry in seiner Entwicklung eingeschränkt. Nun, er hat sich nach einer längeren Zeit des Überlegens für die Fotografie entschieden, ging zur Kunsthochschule, hat auch eine Zeit bei einem renommierten Fotografen gelernt und ist heute ein gefragter Werbefotograf.«*

Als ich mit Alissa, 26, sprach, erzählte sie mir, sich in einen fünf Jahre jüngeren Mann verliebt zu haben. Sie war damals 22, und Michael gerade 17. In den dreieinhalb Jahren, die sie nun schon zusammen sind, hat er die Schule abgeschlossen, seinen Zivildienst geleistet, hat sich ein Ziel gesteckt und beginnt nun mit dem Studium. Sie wohnen im gleichen Haus, aber jeder in einer anderen Wohngemeinschaft. *»Weil er für sein Alter enorm reif ist und eigene Ziele verfolgt, fühlen wir uns auf Augenhöhe. Das ist ein Glücksgriff«, sagt Alissa.* Auf einen kindischen Partner hätte sie sich nicht eingelassen.

Die Alltagswirklichkeit zeigt, dass eine erhebliche Anzahl von Frauen über eigene finanzielle Mittel verfügt und über Positionen mit hohem Prestige. Deshalb ist eine Ableitung des sozialen Status auch in umgekehrter als in der traditionellen Richtung möglich. Der höhere Status der Frau wird jedoch nicht automatisch auf die Person des Mannes übertragen. Dazu sind besondere Rituale notwendig. Die 40-jährige *Eva* erzählt:

*»Gerd hatte keine Freunde hier, als er mich kennen lernte. Er ist durch mich in eine völlig andere Gesellschaftsschicht hineingekommen als dort, wo er herkommt. Bei den Leuten, die er von früher kennt, fühlt er sich nicht mehr wohl. Er hat inzwischen Abitur gemacht und will vielleicht mal irgendwo studieren. Seinen Kumpels von früher steht er inzwischen anders gegenüber. Ich wollte ihn da auch he-*

*rausziehen. Diese Kumpel sind keine Freunde. Die kannte er vom Bau, Handwerkerberuf, da ist zu viel Alkohol im Spiel. Langsam, aber sicher habe ich es auch geschafft, ihn da herauszuziehen. Es ist eine bestimmte Ebene, die ich nicht will. Die will ich nicht für meinen Ehemann. Und allmählich will er sie selber nicht mehr. Er war vor einiger Zeit dort, wohin wir bald ziehen werden, und da hat er ohne mich Menschen kennen gelernt. Komischerweise auch wieder Ältere. Das ist dann seine eigene Wahl. Und man kann dann nicht mehr sagen: Das ist halt der Einfluss von der Eva, das sind ihre Leute.«*

Die erfolgreiche ältere Ehefrau stellt dem Jüngeren ihre berufliche Erfahrung zur Verfügung sowie ihr durch Lebensgeschichte erlerntes Wissen, das sie ihm gegenüber gelegentlich ungerecht werden lässt: *»Weil es manchmal schwer fällt zu begreifen, dass ich einfach zehn Jahre mehr Lebenserfahrung auf dem Buckel habe«, meint Eva.*

Doch sie konnte ihm Türen öffnen, als er mit seinem ersten Geschäft Schiffbruch erlitt: *»Ich bin gelernte Kauffrau. Anfangs habe ich mich nicht darum gekümmert, weil ich gedacht habe, er kann es. Dann habe ich festgestellt, die Seite kann er eben nicht aufgrund seiner Unerfahrenheit.« Weil er bereit ist »und inzwischen immer mehr bereit ist, das zu akzeptieren, wenn ich sage, so geht das nicht, und sich nicht in eine trotzige Haltung versteift«, hat er im Laufe der Zeit gemerkt, dass Eva in vielen Fällen Recht hatte.*

*Inzwischen ist er sehr erfolgreich, und beide freuen sich darüber. Eva wird auf ihrem Gebiet weiter arbeiten, »ohne die Unterstützung für ihn fallen zu lassen«.*

Für Eva scheint wichtig zu sein, dem jüngeren Partner nicht nur den Zutritt zu ihren Freunden zu erleichtern, sie achtet auch darauf, dem Partner die Merkmale zu vermitteln, die er für die Rolle des angemessenen Partners nach außen braucht. Abitur und der Hinweis auf ein mögliches Studium stimmt mit ihrer Position als Akademikerin überein.

Als Beweis dafür, dass ihr Mann die Anerkennung ihres Freundeskreises gewonnen hat, kann Evas folgende Aussage gelten: *»Es gibt inzwischen keinen, der ihn nicht mag. Darüber habe ich mich auch gewundert und gefreut. Es gibt Leute, die mich besuchen wollen, und wenn ich nicht da bin, dann sagen sie: Na ja, wenn Eva nicht da ist, dann bleib ich bei dir.«* Jetzt sei den anderen auch die Basis für ein Gerede entzogen, das es hinter ihrem Rücken gegeben habe und immer mal wieder zur Sprache gekommen sei.

Eva hat nicht das Gefühl, er werde mit ihr konkurrieren. *»Den Konkurrenzkampf gab es mit meinem Exfreund schon. Er war auch Akademiker, und ich sollte nur nichts besser wissen als er. Er hat promoviert. Ich habe nach dem Studium gleich gearbeitet.«* Ihr jetziger jüngerer Mann sei anders. *»Gerd ist richtig stolz auf das, was ich mache, da spürt man auch keinerlei Konkurrenz.«*

*»Wir haben beruflich überhaupt keine Verbindung«, berichtet Karl, »sie macht mehr wissenschaftliche Sachen, ich mache Musik. Ich verstehe wenig von der Wissenschaft, die sie macht, und sie versteht wenig von meiner Musik. Das hindert uns jedoch nicht daran, für die unterschiedlichen Berufe Interesse zu haben. Ich versuche, ihren Traum von dem, was sie machen will, zu unterstützen, und sie versucht dasselbe bei mir. Wir helfen uns, so gut es geht. Es ist sehr wichtig, dass Verständnis vorhanden ist.«*

Vorstellbar ist, dass die unterschiedliche soziale Schicht der älteren Frau wenig Probleme macht, wie *Emilys* Erzählung vermuten lässt: *»Ich bin Akademikerin, mein Mann Landwirt. Das ist schon ein soziales Gefälle. Es gibt Gespräche, Veranstaltungen, wo ich halt allein hingehe. Dafür interessiert er sich nicht. Das kann aber auch passie-*

*ren, wenn ich mit einem Universitätsprofessor zusammen bin, was dann unter Umständen problematischer wäre.«* Problematisch, weil dies im »Normalfall« der Rechtfertigung bedarf.

Es wäre denkbar, dass der jüngere Mann leidet, verunsichert wird, einen Konkurrenzkampf entfesselt, Machtverlust befürchtet. *Volker* meint: *»Es hat mir noch nie etwas ausgemacht, jemanden zu akzeptieren, der eigenständig ist, im Gegenteil, ich finde es gut. Für mich ist viel wichtiger, einen Menschen an meiner Seite zu haben, der auch seine eigenen Sachen einbringt.«* Er findet die höhere berufliche Position, das Prestige, den Status der älteren Frau interessant. Er bewundert sie. Doch er missgönnt ihr die soziale Wertschätzung nicht, ist eher bereit, sie zu unterstützen. Und *Roland* erfährt den Status der Älteren als Aufwertung seiner Person: *»Ich habe mich immer sehr für Geologie interessiert, es war mein zweites Interessengebiet. Und dann war natürlich spannend, dass sie für dieses Fach Dozentin war. Ich konnte mich gut mit ihr unterhalten, und irgendwie hatte ich das Gefühl, das wertet mich auf.«*

In einer traditionellen Verbindung ist es nicht ungewöhnlich, dass ein Mann die Verantwortung für das »wir«, das »Unternehmen Beziehung« in finanzieller Hinsicht übernimmt. Meist sind Kinder der Grund. Dann, wenn die Frau sich zugunsten der Kindererziehung beruflich reduzieren muss oder will. Wenn der Mann der Jüngere ist, bedeutet dieses Modell einerseits, dass die ältere Frau sich ihren Wunsch, Mutter zu werden, bewusst gönnt und deshalb beruflich auf Sparflamme fährt. Sie nimmt sich eine Auszeit, wie beispielsweise die 40-jährige *Karolin* betont:

*»Die Zeit verfliegt so schnell. Da wir uns für Kinder entschieden haben, will ich sie auch ein paar Jahre ganz bei*

*mir haben.« Beim ersten Kind war sie 34 Jahre alt, zehn Jahre älter als ihr jüngerer Mann, der Vater des Kindes. »Bei unserer ersten Tochter habe ich nach der Elternzeit in meinem Beruf weitergearbeitet. Mein Partner hatte sich noch nicht recht entschieden, wie es nach dem Studium beruflich für ihn weitergehen soll, deshalb konnte er sich um den Haushalt und die Kleine kümmern. Zusätzlich hatten wir meine und seine Eltern in der Nähe, die gelegentlich bis zum Kindergartenalter der Kleinen aushelfen konnten.« Als Karolin mit 39 Jahren ihr zweites Kind bekam, war ihr Partner beruflich inzwischen dabei, sich zu etablieren, und eine Elternzeit für ihn undenkbar. Deshalb entschieden sie sich, dass Karolin bis zum Kindergartenalter des Babys zu Hause bleibt.*

Eine andere Variante haben die 34-jährige Mia und der 24-jährige Patrick gewählt. Patrick ist Vollzeit-Hausmann und kümmert sich um den zweijährigen Leon. Das Paar plant noch ein Geschwister für Leon, und Patrick wird auch dann für beide Kinder zur Verfügung stehen, bis sie in den Kindergarten und zur Schule gehen. *Mia* ist Kinderärztin und kann sich *»ihren Hausmann leisten«*, wie sie sagt. Sowohl finanziell als auch statusmäßig. *»In meiner Position werde ich von anderen Frauen eher beneidet, auf diese Weise Familie und Beruf so harmonisch beisammen zu haben.«* Patrick hat kein Problem damit. Er ist, wie dies typischerweise ein Mann ist, der eine ältere Frau hat, flexibel und sehr selbstbewusst. Er ist der Meinung, dass das Familienleben nun wichtig sei, seine berufliche Entwicklung würde er eben später machen. Er ist ja jung genug. Und die Zeiten, in denen ein genormter beruflicher Lebenslauf wichtig war, sind vorbei.

Tatsächlich verliert die Normalbiografie, also der kontinuierliche Ausbildungs- und Berufswerdegang in unserer Gesellschaft an Gewicht und Verbreitung. Und auch das klassische Familienbild – der Mann als Hauptversorger der Familie, die Frau für die häuslichen Aufgaben und die Erziehung der Kinder zuständig – hat sich mit der Selbstständigkeit der Frauen gewandelt. Die Lebensverläufe für Frauen und Männer sind vielfältiger geworden, weil sie sich den alten äußeren Zwängen nicht mehr unterwerfen wollen und ihre eigenen Lebensentwürfe verfolgen. *Linde*, 42, sagt:

*»Manchmal träume ich davon, wie schön es sein müsste, einen Mann zu haben, der gleich alt wäre wie ich, Betriebswirtschaft studiert hätte wie ich, die Mühe des Bankgeschäfts kennen würde wie ich, die Erschöpfungszustände, den Ärger, die tägliche Herausforderung an leistungsbetontes Funktionieren im Betrieb. Wie könnten wir uns gegenseitig in unseren Berufen fördern und weiterentwickeln! Wie viel Verständnis würde jeder für den anderen aufbringen, der sich wieder einmal in der Sackgasse wähnt!«*

»Denke ja nicht«, meint eine Freundin, »dass uns der gleiche Beruf näher bringt. Es geht nur um die Rangordnung. Wer der bessere, klügere, schlauere ist. Die harmonische Unterstützung wird durch den Wettbewerb von Frau und Mann unterbunden. Ein steter Kampf um die Führung. Der Mann verteidigt sie, die Frau greift sie an.« Sie ist der Überzeugung, dass es entspannender und für eine harmonische Beziehung förderlicher sei, unterschiedliche Berufe zu haben, vielleicht auch interessanter, weil jeder über andere Erfahrungen berichten kann.

Dieser Meinung war Ulla auch. Das war sogar ein wesentlicher Punkt, der sie bei ihrem 13 Jahre jüngeren Freund fasziniert hat. Als Naturwissenschaftler zu forschen war so außerhalb ihrer eigenen Erfahrung, dass sie ihn grenzenlos bewundert hat.

## Ist der Jüngere ein Statussymbol?

Status heißt: soziale Stellung in der Gesellschaft. Ein Statusmerkmal ist folglich ein Erkennungszeichen dieser Stellung. Ist die Frau ein Statussymbol des Mannes, ist sie Verkörperung dessen, was er in der Rangordnung der Gesellschaft gilt oder gelten möchte. Umgangssprachlich heißt das, was der reiche Mann so braucht: eine junge schöne Frau, ein schnelles Luxusauto, ein Rennpferd vielleicht, die Mitgliedschaft im exklusiven Golf-Club, um nur einige der Symbole zu nennen. Sie lassen auf sein Einkommen schließen, auf sein Ansehen vielleicht und seine Stellung in der Gesellschaft, seine Macht. Ob die genannten Prestigeobjekte sein soziales Ansehen erhöhen, ist nicht zwingend.

Wenn der jüngere Mann als Statussymbol betrachtet wird, kann er Ausdruck einer unabhängigen, mächtigen Frau sein, ein Beweis dafür, dass sie als ältere Frau begehrenswert ist, nicht abgeschrieben. Dass sie zu jenen Frauen gehört, die sich nicht verstecken müssen: Sie ist geistreich, fantasievoll, interessant und eigenständig. Als Partnerin fordert sie Gleichwertigkeit. Nicht, was sie selbst zu bieten hat: Lebenserfahrung, Orientierungshilfe, Identität. Das heißt, der jüngere Mann kann weniger auf Besitz, Beruf oder Machtstellung der Frau hinweisen, vielmehr signalisiert er die Emanzipiertheit seiner Frau.

Für Frauen hat sich in den vergangenen 25 Jahren viel getan. Sie haben an Macht und Einfluss gewonnen. Für Männer hat sich ebenfalls eine Menge verändert. Männer müssen das neue Selbstverständnis der Frau aushalten, die ihm seine angestammte Domäne beruflich streitig macht: Sie ist Bauingenieurin oder Pilotin oder Automechanikerin. *Astrid*, 45, berichtet beispielsweise:

*»Ich orientiere mich gern an Menschen, die im Leben schon etwas erreicht haben. In meinem Job als Bauingenieurin*

*habe ich fast nur mit Männern zu tun, mit denen gehe ich auf Augenhöhe um. Manchmal empfinden sie mich als Konkurrentin und das belastet die Beziehung.«*

Die gleichberechtigte und emanzipierte Frau ist in seine Männerwelt eingedrungen. Und nun nimmt sie sich weiterhin althergebrachte Rechte: zum Beispiel einen jüngeren Mann.

# Kapitel VI:

# Vorsicht, Krisenzeiten!

Wohl jedes Paar sieht sich auf dem Weg zum Glück mit Hindernissen konfrontiert, doch gilt dies im besonderen Maß für das unkonventionelle Paar. Die ältere Frau und der jüngere Mann werden ihren Lebensentwurf – die Liebe zum »anderen« Partner – infrage stellen, weil sie durch die Nichtbeachtung der Norm, die für die Altersdifferenz eines Paares in unserer Gesellschaft gilt, speziell anfällig für Störungen sind. Sie haben die abgesicherte Rolle eines »normalen« Partners in einer Frau-Mann-Verbindung verlassen und müssen sich neu orientieren. Von Lebensstationen und Erlebnissen, die die Gefahr einer Krise bergen, berichten auch die von mir interviewten Paare.

## Er ist so alt, wie ich war, als er mich kennen lernte

Unabhängig davon, in welchem Lebensalter sie ihr Leben verändert hat und die Beziehung mit dem jüngeren Mann eingegangen ist, hat für manche ältere Frau der Tag, an dem der jüngere Mann so alt wird, wie sie selbst war, als sie ihn kennen lernte, eine beunruhigende Wirkung. Erneut und deutlich wird sie von den Schatten der Vorurteile eingeholt, die sie am Anfang der Beziehung schon belastet haben. Im Laufe glücklicher gemeinsamer Jahre mit dem jüngeren Mann schienen sie milder zu werden, ja sogar verblasst zu sein. Nun aber erinnert sie das Alter des Mannes an die Zeit, in der sie ihrem Leben eine neue Richtung gab. Der Wandel hatte damals einen Grund: die Unzufriedenheit mit ihrer Lebenssituation, ihr Bedürfnis nach Unabhängigkeit, die Erfahrung festgefahrener Liebe, die Bereitschaft, sich zu verändern. All das hatte sie empfänglich gemacht für die neue Liebe, für die Hinwendung zum anderen, dem jüngeren Mann.

Nun ist der jüngere Mann im selben Alter, in dem sie sich verändert hat. Spürt er jetzt auch den Drang zum Wandel? Wird er sich nach einer Umkehr sehnen? Zurück zur traditionellen Beziehung etwa?

Das wäre seine Richtungsänderung. Und die Erfüllung des ungeschriebenen Gesetzes der vorübergehenden Beziehung, des »Glücks auf Zeit«, befürchtet die Ältere. Diese Bedenken kennt auch *Marina*, 50:

*»Eines Tages war mein jüngerer Partner – plötzlich, schien mir – 40 Jahre alt geworden. In den zehn Jahren, die wir ein Paar sind, hat er ein ganz anderes Leben durchlaufen als ich in der Zeitspanne zwischen 30 und 40. Klar, er war mit mir zusammen. Aber ich habe mit 40 meinem Leben eine andere Richtung gegeben, mit ihm. Es könnte sein, dass dieses Lebensalter eine Zäsur verlangt. Ich habe ein wenig Angst, dass er jetzt auch an einem Punkt sein könnte, wo er an Veränderung denkt.«*

Viele der interviewten Frauen haben sich ähnlich wie Marina geäußert. Obwohl sich ihre Situation von damals nicht mit der heutigen ihres jüngeren Partners vergleichen lässt, achten sie darauf, Anzeichen auf Veränderungswünsche des Jüngeren nicht zu übersehen. Wenn er Pläne äußert, die seine berufliche Entwicklung betreffen, neigen sie dazu, diese als Versuch zu interpretieren, sich von ihr, der Älteren, zu lösen. Ein typisches Beispiel liefert *Rosmarie*, 55:

*»Als mein 40-jähriger Mann mir nur so ganz nebenbei mal von der Möglichkeit erzählte, dass es ein Engagement in*

*Portugal geben könnte für ihn, bin ich erschrocken. Ich dachte mir, klar, er sollte sich eine solche Gelegenheit nicht entgehen lassen. Aber es war auch klar, dass ich in Deutschland bleiben müsste. Ich konnte ja das Haus und vor allem meinen Job nicht aufgeben. Er hatte dies im Übrigen auch gar nicht vorgeschlagen. Er wusste ja auch, dass ich mir in meinem Alter kaum noch einen Arbeitsplatzwechsel erlauben kann. Während er jung genug ist, um etwas Neues zu wagen. Ich malte mir aus, dass er dann allein in Portugal über seine weiteren Lebenspläne nachdenken würde, die ein Ende unserer Beziehung zur Folge hätten.«*

Rosmarie argwöhnte, Achim würde gern die berufliche Chance im Ausland ergreifen, um das Ende ihrer »ungleichen« Beziehung einzuleiten. Ihr schien der Zeitpunkt verdächtig, seines Alters wegen, das sie mit ihrer eigenen Erfahrung verglich.

Entscheidungen dieser Art müssen auch Paare in einer traditionellen Verbindung treffen. Auch das »normale« Paar wird Unwägbarkeiten einer räumlichen Trennung nicht voraussehen können.

Die Ältere eines Paares hingegen tendiert dazu, das Ausgeliefertsein an das Risiko der Trennung im Zusammenhang mit den Prognosen zu sehen, die einem »ungleichen« Paar von Anfang an mitgeliefert werden: dass die Verbindung der älteren Frau mit dem jüngeren Mann nicht gut gehen kann.

Die ältere Frau vermeidet im Allgemeinen, über diese Angst mit dem jüngeren Partner zu sprechen. Sie schweigt aus der Überlegung heraus, dass sich die Furcht nach der Gesetzmäßigkeit der »self-fullfilling prophecy« erfüllen könnte. *Marina: »Ich scheue mich, dieses Thema anzusprechen, ich will keine ›schlafenden Hunde‹ wecken. Vielleicht denkt er gar nicht so, wie ich vermute. Dann würde ich ihm möglicherweise die Idee liefern.«*

Den Weg mit ihm ist sie in der verliebten Anfangszeit hauptsächlich in der Abwehr jener Risiken gegangen, die durch die Regeln der Gesellschaft entstanden sind. Das Risiko, das nur die andere Person, den jüngeren Mann betrifft, dessen Vorzüge, Nachteile, Einstellungen, Wirklichkeit, spielte zunächst keine vornehmliche Rolle, weil die Chemie zu stimmen schien.

Zur Wirklichkeit des anderen gehört selbstverständlich auch seine berufliche Entwicklung. Jetzt, da der Jüngere ihr Alter aufgeholt hat, am Zeitpunkt steht, an dem sie damals ihr Leben neu definierte, richtet sich ihr Blick nun auch auf seinen beruflichen Prozess. Damals war sie auch schon wirtschaftlich unabhängig gewesen und weiß deshalb, dass diese finanzielle Unabhängigkeit freie Lebensentscheidungen ermöglichen. Hat der Jüngere versäumt, während des gemeinsamen Lebens diese Unabhängigkeit zu erreichen, befürchtet die Ältere weniger, dass ihre Verbindung aufgrund seiner Veränderungswünsche zerbrechen könnte. Sie glaubt vielmehr, dass ihre eigene Einstellung zum Ideal einer Beziehung ihre Verbindung gefährdet. Aufgrund ihrer Erfahrung von damals will sie in ihrer Beziehung keine Abhängigkeiten, vor allem nicht finanziell. Eine derart ungleiche Beziehung würde ihr bald nicht mehr genügen. Das erklärt zum Beispiel die 58-jährige *Alexandra:*

*»Mein Partner ist 15 Jahre jünger als ich. Wir sind seit 18 Jahren ein Paar. Als wir uns verliebten, hatte er gerade sein Studium beendet und suchte eine Arbeitsstelle. Ich war 40 Jahre alt und leitete eine Abteilung in meinem Betrieb. Er fand schließlich eine Stelle in der Verwaltung einer Bibliothek, nicht schlecht, aber er betrachtete sie als nur vorübergehend. Ein Anfang, sagte er. Nachdem er sich eingearbeitet hatte, kannte er sich aus und richtete sich in dieser Aufgabe ein. Und ich war viel zu beschäftigt mit meiner*

*eigenen beruflichen Entwicklung und den damit einhergehenden Aktivitäten, sodass ich nur gelegentlich anmerkte, wieso er noch immer denselben Job macht. Mich wunderte, weshalb er sich keine Herausforderung suchte, seine Talente lagen meiner Meinung nach brach. Aber gleichzeitig dachte ich, er ist ja noch jung und wird sich weiterentwickeln. Ich will nicht wie seine Mutter sein. Er ist erwachsen und wird seine Ziele verfolgen. Als er 40 wurde und daher in ›meinem‹ Alter war, in dem ich mich in ihn verliebt hatte, wurde mir so richtig bewusst, dass er eigentlich stehengeblieben war in seiner beruflichen Entwicklung, obwohl es keinen Grund dafür zu geben schien, etwa einen Mangel an Chancen. Er hat die Chancen einfach nicht wahrgenommen. Es genüge ihm, so wie es ist, sagte er. Er hätte kein Bedürfnis, Karriere zu machen, so wie ich. Aber natürlich geht es nicht nur um Karriere, sondern auch um die Gleichwertigkeit in unserer Beziehung. Er sonnt sich in meiner Position, und wir haben keine finanziellen Sorgen.«*

Hat die Ältere ihn etwa daran gehindert, sich zu entfalten, weil sie mit sich selbst beschäftigt war?

*»Nein«, meint Alexandra, »gehindert habe ich ihn sicher nicht. Im Gegenteil, er hätte sich ein Beispiel an mir nehmen können. Er hat sich nicht in Konkurrenz mit mir begeben das ist richtig, aber die eigenen Ziele zu vernachlässigen, ist falsch. Es soll ja kein Aufrechnen sein, sondern ein gegenseitiges Beflügeln und Unterstützen. Das habe ich hauptsächlich versäumt. Es scheinen sich dadurch Abhängigkeiten in unsere Beziehung einzuschleichen. Daran müssen wir arbeiten. Ich will nicht, dass er seine Talente ungenutzt lässt. Es ist wichtig – für ihn und sein Selbstwertgefühl.«*

Wenn beide innehalten, gelegentlich – und der Zeitpunkt, an dem der Jüngere das Alter erreicht hat, das sie hatte, als sie sich verliebten, ist dafür ein guter Tag –, um über mögliche Veränderungen und ablaufende Prozesse in ihrer Beziehung sprechen zu können, werden sie weiterhin in eine gemeinsame Richtung gehen. Die Offenlegung möglicher Krisenpunkte nimmt der Frau die Angst, in Konflikten den Unkenrufen des Klischees vom »Glück auf Zeit« ausgeliefert zu sein, und verhindert nagende Fragen, wie sie zum Beispiel *Lisbeth*, 42, plagten:

*Lisbeth wollte sich innerlich auf ein mögliches Ende der Beziehung einstellen, als Alex, 35, mit dem sie bereits sieben Jahre verbunden war, mit einem Freund aus Kindheitstagen nach Australien reisen wollte. Zwei oder drei Monate sollte diese Reise dauern. Alex und sein Freund hatten schon als kleine Jungen von einem Abenteuer-Urlaub geträumt. »Kannst du damit leben, dass ich ohne dich fahren will?«, fragte Alex. »Ja, klar, wenn du damit leben kannst, ohne mich zu sein!«, lachte Lisbeth. Als sie die beiden dann drei Wochen später zum Flughafen brachte, war ihr mulmig zumute, die Freude aufs Abenteuer war Alex und seinem Freund anzusehen. Zwei Jugendliche auf Entdeckungsreise, dachte Lisbeth, als sie sie hinter der Glastüre verschwinden sah. Was wird sich verändert haben, wenn Alex wiederkommt? Wird er denn wiederkommen?*

*Als Lisbeth in seinem Alter war, war sie auch zu neuen Welten aufgebrochen. Das Ziel war freilich kein anderer Kontinent, sondern der »andere« Weg zum Glück, mit ihm.*

## Eifersucht im Blick auf den »normalen« Partner

Es ist üblich zu glauben, dass die ältere Frau, wenn sie einen jüngeren Mann hat, besonders eifersüchtig über den Umgang des Jüngeren mit den noch jüngeren Frauen wacht.

*»Das stimmt. Ich bin eifersüchtig«, sagt Inge, 45. »Ich fürchte, er könnte sich überlegen, welche Vorteile die jungen Mädchen haben. Sie sind weniger anstrengend, lassen sich eher belehren, sie leben unbeschwerter dahin, kritisieren auch kaum. Ich sehe sie auf der Tanzfläche, den Kopf hin- und herschwingend, mit tiefem Ausschnitt, kurzem Rock. Sie haben so vieles, was ich nicht mehr habe.«*

Nicht nur der Mann in der Krise sucht sich nicht selten die jüngere Frau. »Alle Männer sprechen von der jungen Frau«, sagen ältere Frauen. Das ist die Norm. »Das ist immer noch das gängige Bild«, sagt Patrick, 35, der mit Inge zusammenlebt.

*»Aber das kriegen wir schon hin«*, sagt er und meint, *»mein Umgang mit jüngeren Frauen muss für Inge selbstverständlich werden, denn nicht jede junge Frau stellt einen potenziellen Seitensprung dar.«*

Und die junge Frau? Sie spricht im Allgemeinen vom älteren Mann als Partner. Ebenfalls weil es die Norm ist, das gängige Bild. Das weiß auch der Mann, der der Jüngere eines Paares ist. Wacht er auch eifersüchtig auf den Umgang der Frau mit den älteren Männern? Ist er auch auf der Hut? Er müsste es nicht, denn für ihn gibt es immer noch die jüngeren Frauen.

*»Ich muss gestehen, dass ich auch eifersüchtig bin«, sagt Daniel, 30. »Sie hat einige enge Freunde aus ihrer Studienzeit, die jetzt alle um die 40 sind, etabliert, und wenn ich sie manchmal am Telefon höre, wie vertraut sie mit einem*

*ihrer Freunde über früher spricht, als ich ja noch nicht auf der Matte stand, sozusagen, befürchte ich schon, dass sie meiner leid sein könnte. Es ist ja auch so, dass sie über berufliche Belange mit ihren Kollegen besser diskutieren kann als mit mir. Ich habe sie mal mit dem Auto verfolgt, als sie einen beruflichen Termin angab, ich aber vermutete, dass sie sich heimlich mit einem Freund treffen wollte.«*

Auch hier ist die Norm und weniger die Person der Auslöser für seine Eifersucht.

Wenn die Rivalin der jungen Frau eine Ältere ist, hilft keine Norm zur Erklärung. Ilona zum Beispiel lebte mit Bernd in einer »normalen« Beziehung. Sie war 26 Jahre alt, als sich ihr damals 32-jähriger Partner in eine 46-jährige Frau aus dem Bekanntenkreis verliebte. Sie berichtet:

*»Ich hatte niemals etwas dagegen, wenn er mit älteren Frauen zusammen war, denn es kam mir überhaupt nicht in den Sinn, dass er sie erotisch finden, geschweige denn, dass er sich in eine Ältere verlieben könnte. Seltsam kam mir vor, als er sich mit einer bestimmten Bekannten, die 14 Jahre älter war als er, das heißt 20 Jahre älter als ich, immer öfter allein traf. Sie habe Probleme, sagte er mir, und würde nur mit ihm darüber sprechen wollen. Ich war also ausgeklammert. Aber ich hielt mich an die Vereinbarung und blieb ihren Treffen fern. Sie war so viele Jahre älter, ich hatte ja zunächst keine ernsten Bedenken. Im Grunde hat es mich gar nicht interessiert, welche Probleme diese alte Frau hat. Ich kontrollierte aber trotzdem seinen Terminkalender. Als er mir dann eines Tages gestand, dass er sich in diese Frau verliebt habe, war ich zuerst amüsiert. Doch als ich merkte, wie ernsthaft die Situation war, war ich umso stärker geschockt. Das ist etwas, was ich einfach nicht glauben konnte. Was kann ihm diese Frau bieten, was ich nicht habe, überlegte ich.«*

Heute versteht sie gut, was ihm an dieser »alten« Frau gefallen hat. Sie ist jetzt 35 und lebt seit drei Jahren mit einem acht Jahre jüngeren Mann zusammen.

## Hat er sich in eine jüngere Frau verliebt?

Ein Prinzip, von dem *Anita*, 55, nie abweichen wollte, lautete, wachsam genug für Veränderungen ihres Umfelds zu bleiben und nicht an Situationen, Dingen, Menschen festzuhalten, wenn die Zeit dafür überholt scheint. Sie erzählt:

*»Unsere Beziehung war seit Langem gefestigt. Ein besonders inniges Verhältnis hatte sich entwickelt. Es schien, als wollten wir für immer zusammenbleiben.*

*Im Frühjahr jenes Jahres war ich beruflich besonders eingespannt. Meine Beiträge zu einer Tagung mussten noch ausgearbeitet werden. Obwohl ich lieber eine geplante Wochenendreise zu einem Festival machen wollte. Ich sagte sie ab. Ermunterte Mario jedoch, ruhig ohne mich zu fahren. Ich wollte mich sowieso mit Kollegen nach der Tagung zusammensetzen. Es war leicht, die Zeit zu vergessen beim Diskutieren und Bilanz ziehen, und so kamen wir auch in jener Sonntagnacht erst in den frühen Morgenstunden zum Ende. Auf meinem Nachhauseweg sah ich Marios Auto vor dem Haus von Freunden geparkt. Ich freute mich, dass er offensichtlich schon vom Festival zurück war, da wollte ich ihn doch gleich mal abholen. Wenn ich überraschend irgendwo auftauchte, freute er sich immer. Ich kannte die unverschlossene Hintertüre dieses Hauses, ging auf das Wohnzimmer zu, klopfte an und trat ein. Es war fast unmöglich, im schummrigen Kerzenlicht jemanden zu erkennen. Aber ich sah genug. Da saßen nicht nur müde Festivalbesucher herum, um bei einem*

*Bier die Erlebnisse ausklingen zu lassen. Da gab es ein fremdes Mädchen, das auf seinem Schoß saß. In eindeutiger Position.*

*Ich fuhr nach Hause.*

*Marios erschrockene Augen verfolgten mich. Was willst du hier?, verstand ich sie. Siehst du nicht, dass du störst?*

*So muss es sein, wenn sich ein großes, schwarzes Loch auftut und keine Kraft verhindern kann, dass man nach unten gezogen wird.*

*Deutlich hatte ich die junge Frau gesehen. Ich weinte. Im Kreise seiner Freunde hat er mich betrogen. Wie erniedrigend. Was soll ich tun? Was kann ich tun?*

*Ich musste an einen Film denken, in dem die Heldin ihren jüngeren Mann, der sie betrogen hat, mit der Flinte vom Hof geschossen hat. Sie hat ihm das Bündel der schäbigen Kleider, die er in die Ehe mitgebracht hatte, hinterhergeworfen. Stolz und triumphierend stand sie auf der Veranda und schickte dem Davoneilenden ihr polterndes Lachen hinterher. Das hatte ich als gerecht empfunden.*

*Hektisch suchte ich alle seine Sachen zusammen, von den schmutzigen Socken bis zu den sperrigen Skiern. Ich warf sie ins Treppenhaus. Dann rief ich bei diesen falschen Freunden an – echte Freunde hätten meine Demütigung nie zugelassen – und ließ mitteilen, dass Marios Hab und Gut bei mir abzuholen sei. Sofort.*

*In meiner Stimme lag freilich kein Triumph.*

*Ich schämte mich, weil ich nun die betrogene Alte war. Die gemeinsame Zukunft – das war eine Illusion wie der Nebel, der den sonnigen Tag nicht überlebt.«*

Das Alter der anderen Frau spielte in dieser Situation, die Anita beschrieben hat, für Mario möglicherweise keine entscheidende Rolle. Für Anita hingegen war die junge Frau die Bestätigung der Norm. *Anita* sagt: »*Viele haben zu mir gesagt: Das hat ja so kommen müssen. Das finde ich aber nicht. Ich weiß von gleichaltrigen Paaren in meinem Alter, da ist etwas Ähnliches passiert.«*

*»Ich habe mir das nicht vorgenommen«, sagt Mario.*

Es sind nicht immer zerrüttete Beziehungen, die einen Mann in eine Außenliebe drängen, sondern häufiger sind es der Alltag und alltäglich gewordene Gefühle. Psychologen sehen in der Zuwendung des Mannes zur jüngeren Frau eine Form von Angstbewältigung einer jahrtausende alten Befürchtung des Mannes, der Verlust der Gebärfähigkeit der alt werdenden Frau setze andere Kräfte frei, die nicht mehr überschaubar sind, wie dies ein Alltag mit Kindern ist. Die ältere Frau soll in ihre Grenzen verwiesen werden. Und dadurch kontrollierbar, quasi »ungefährlich« werden. In der öffentlichen Meinung behauptet sich auch immer wieder die Auffassung, die ältere Frau solle doch dankbar sein, dass sich der Jüngere für sie interessiert, Ansprüche brauche sie doch keine zu stellen.

*»Rosen allein genügen jetzt nicht«, sagt Anita, »es braucht das Gespräch.«*

Wenn auch das Gespräch nichts nützt und die Ältere wegen einer Jüngeren verlassen wird, wird dieser Schritt des jüngeren Mannes als »normgerecht« betrachtet, sowohl von seiner älteren Partnerin als auch von seinem Umfeld.

Die Verlassene zu sein ist immer schmerzhaft. Wie geht es der älteren Frau, die verlassen wird? Das beschreibt zum Beispiel *Riele,* 40, die mit einem 13 Jahre jüngeren Mann drei Jahre lang zusammen war:

*»Es war ein verheerendes Gefühl. Ich hab das so empfunden, dass er mich an seiner Jugend grad mal hat kosten lassen, dann ist er in seine Jugend zurückgekehrt und hat mich im Alter zurückgelassen. Obwohl ich damals erst 38 war, hab ich mich noch nie so alt, so abgelegt gefühlt wie damals, als er mich verlassen hat.«*

Nach einiger Überlegung fügt Riele noch hinzu: »*Andererseits hab ich mich auch nie so jung gefühlt wie während dieser drei Jahre, in denen ich mit ihm zusammen war.*«

Die 54-jährige *Sara,* seit drei Jahren von ihrem 16 Jahre jüngeren Mann geschieden, pflichtet der Aussage von Riele bei:

»*Es ist zum Beispiel falsch zu sagen, unsere Ehe sei wegen des Altersunterschieds gescheitert, das Wort gescheitert ist sowieso unrichtig. Wir haben die Ehe beendet. Genau genommen ist es egal aus welchem Grund. Wichtig ist festzuhalten, wie überaus glücklich wir gewesen sind. Die Zeit mit ihm war wunderschön, eben weil er jünger war.*«

Auch für die »normale« Beziehung gibt es keine Haltbarkeitsgarantie. Wie die Statistik belegt, wird in Deutschland jede dritte Ehe geschieden. Doch während die Ursache für ein Scheitern der »normalen« Beziehung nicht im Alter der Partner gesehen wird, sondern in charakterlichen oder entwicklungspsychologischen Unvereinbarkeiten, wird der Altersunterschied, genauer gesagt, das Alter der Frau, als legitimer Grund betrachtet, wenn sich der Jüngere von der älteren Partnerin trennt.

In dieser Richtung wurde zum Beispiel auch über die Trennung der beiden Hollywood-Stars und Oscar-Preisträger Susan Sarandon, 63, und Tim Robbins, 51, nach 22 Jahren Partnerschaft und zwei gemeinsamer Söhne, 20 und 17 Jahre alt, Anfang des Jahres 2010 in der Regenbogenpresse spekuliert. Einmal war zu lesen, die Liebe sei erloschen, dann wurde Robbins angeblich mit einer jüngeren Frau gesehen, und schließlich hieß es, ein junger Mann an Sarandons Seite sei wohl nicht ganz unschuldig an der Trennung. Die Öffentlichkeit wird von den Medien mit typischen Klischees beliefert. Kenntnisse stecken nicht dahinter, weil sich das Paar selbst zu seiner Trennung nicht äußert hat.

## Die Kinder gehen aus dem Haus

Hat das Paar Kinder, wird es – wenn diese selbstständig genug sind und aus dem Haus gehen – wie jedes traditionelle Elternpaar mit dem Problem des »leeren Nests« konfrontiert. Dann stellt sich die Frage: Sind es wirklich die ganz normalen Abschiedsprozesse, wenn die Mutter älter als der Vater ist?

Einige der von mir interviewten Paare mit eigenen Kindern haben sich mit der Frage der Lebensgestaltung nach dem Ende der Kinderphase noch nicht beschäftigt. Das ist vorwiegend der Fall, weil die gemeinsamen Kinder noch im Kleinkind- oder Schulalter sind. Dann geht es um die Gestaltung der Familie, das Füllen des Nestes, wenn die Zweierbeziehung des Paares selten im Mittelpunkt steht. Die Eltern berichten, dass sie sich häufig in Erziehungsfragen uneinig sind. Unterschiedliche pädagogische Anschauungen können zu Konflikten führen, wie sie auch bei traditionellen Eltern vorkommen können. Ist die Mutter älter als der Vater, will sie häufig auf ihre größere Lebenserfahrung verweisen. Die Erziehungsvorstellung des jüngeren Mannes dagegen mag vielleicht unkonventioneller sein.

Wenn die gemeinsamen Kinder schon Teenager sind, kann es sein, dass sich die ältere Frau und Mutter nach einer neuen Intensität der Beziehung mit ihrem jüngeren Mann sehnt. Er jedoch sehnt sich nach mehr Ungebundenheit für sich selbst, vor allem, wenn er jung Vater geworden ist und die Vaterrolle als konzentrierte Familienzeit gelebt hat. Wenn abzusehen ist, dass die Kinder »flügge« werden, geht es dem Vater manchmal auch darum, mehr Zeit für die eigene Karriere zu gewinnen. Diese Problematik spricht zum Beispiel *Maren,* 50, an:

*»Die Kinder werden groß, sie unternehmen schon lieber etwas mit ihren Freunden als mit uns. Da habe ich gedacht, es wäre jetzt Zeit für uns, zum Beispiel zum Reisen. Ich habe mich danach gesehnt, etwas zusammen zu machen. Doch jetzt, wo die Kinder groß sind, hat mein Mann keine Zeit.«*

Als Maren ihren 14 Jahre jüngeren Mann heiratete, war sie 34 Jahre alt und eine erfolgreiche Ärztin. Ihr Mann studierte, bewunderte sie grenzenlos, wollte heiraten und Kinder mit ihr haben. Maren sagt, es sei nicht leicht für sie gewesen, Kinder und Beruf zu »schaukeln«, aber es klappte, nicht zuletzt wegen des Engagements, das ihr junger Mann für die Familie entwickelte. Mit Haushalt und Kinderversorgung hatte er kein Problem. Er fand auch den Anschluss an seine berufliche Karriere. »In dieser steckt er nun bis über beide Ohren«, sagt Maren. Es scheint, als ob er nun, da er aus der Verpflichtung den Kindern gegenüber entlassen ist, auch die Bedürfnisse seiner Frau hintanstellt. Während sie sich auf eine neue Nähe zu ihm einstellen will, will er mehr Unabhängigkeit. Ihre Zukunftsvision wiederum beinhaltet die Vorstellung, auch nach dem Ende der Familienzeit noch ein Paar zu sein. Sie vermutet, dass er während der Zeit, in der er sich als Hausmann um die Familie gekümmert hat und weniger um seine berufliche Entwicklung, sich zunehmend abhängig empfand, vielleicht auch unzufrieden. Es ist vorstellbar, dass er nun vor allem Zeit für sich beanspruchen will.

Bei vielen von mir befragten Paaren hat die Frau Kinder aus einer früheren Verbindung mit in die Partnerschaft gebracht. Je nach Alter der Kinder bedeutet das für den jüngeren Mann, seine Partnerin mit den Kindern teilen zu müssen. Wenn die Kinder erwachsen werden und es Zeit wird, dass sie das Haus verlassen, um ihr eigenes Leben zu führen, trifft für den jüngeren Mann endlich ein, worauf er bisher zugunsten der Kinder verzichtet hat. *Leo,* 29, der mit Gila, 49, und deren Söhnen, jetzt 19 und 21 Jahre alt, seit neun Jahren zusammenlebt, sagt: *»Ich freue mich darauf, wenn ich Gila endlich ganz für mich allein haben kann.«* Noch ist es nicht soweit, aber Leo spricht immer wieder mit Gila darüber. *Gila* wiederum sieht im Weggehen der Kinder ihre Zeit gekommen, um endlich unabhängig von Familienpflichten zu sein. Sie sieht in Leos Forderung ihre Aussicht auf Unabhängigkeit bedroht:

*»Es wird spannend, denn ich freue mich darauf, die Kinder loslassen zu können, mein Leben unabhängig von den Anforderungen eines Familienhaushalts gestalten zu können. Aber da ist Leos Anspruch auf mich, und es sieht danach aus, als ob ich zwar nicht mehr auf die Kinder, aber wieder auf einen Partner Rücksicht nehmen muss.«*

Ihre Ungebundenheit nach Abschluss der Kinderphase sieht auch Angelika, 38, in Gefahr. Sie ist jung Mutter geworden, ihre 19-jährige Tochter hat sich für ein Studium im Ausland entschlossen. Sie zieht im Sommer aus der Wohnung aus und wird in Italien wohnen. *Angelika* sieht sich nun mit einer Überlegung ihres Partners, 25, konfrontiert. Sie sagt:

*»Er hat vorgeschlagen, dass wir ein gemeinsames Kind haben sollen. Ich habe abgelehnt. Denn jetzt, wo meine Tochter erwachsen und aus dem Haus ist, habe ich keine große Lust, wieder mit einem Baby anzufangen.«*

Wie ernst es dem jüngeren Partner mit dem Rückzug in die Zweisamkeit ist, hat zum Beispiel Annika, 52, festgestellt, deren jüngste Tochter zwar erwachsen ist, es aber mit ihren 27 Jahren dennoch im »Hotel Mama« am bequemsten findet. Annikas Partner Leon, 38, hat dazu seine eigene Meinung, wie *Annika* erzählt:

*»Wir sind erst ein Jahr verheiratet, fünf Jahre wilde Ehe haben wir hinter uns. Und nun bewegen wir uns auf einen neuen Lebensabschnitt zu, seit Leon eines Samstagnachmittags vom Wohnungskauf sprach.*

*›Lass uns ein Nest bauen, nur für uns‹, hat er gesagt, ›jetzt, da die Kinder flügge sind.‹ Ich habe ihm zunächst widersprochen: ›Wenn nun auch die Tochter auszieht, sind wir doch für uns. Dann haben wir mehr Platz und genügend Ruhe in der Wohnung.‹*

*›Nein‹, erwiderte er, ›erstens ist es nicht sicher, ob die Tochter in absehbarer Zeit ohne Druck ausziehen würde, und zweitens will ich in einer neuen Wohnung, die uns gehört, unser eigenes Leben als Paar beginnen.‹*

*Wie er mich dabei anschaut, erinnert er mich an ein trotziges Kind. Ich verstehe seinen Wunsch und finde es wunderschön, dass er ihn so klar äußert, auch wenn es mir schwer fällt, meine Tochter sozusagen vor die Tür zu setzen.«*

Inzwischen beschäftigen sie sich mit der Wohnungssuche und einem Kreditfinanzierungsplan. Und die Tochter weiß, dass sie ihr eigenes Heim aufbauen muss.

## Wenn sich die Lebensthemen verschieben

Als sich *Gitte*, 65, vor acht Jahren von ihrem 17 Jahre jüngeren Mann nach zehn Ehejahren getrennt hat, war der Grund die Einsicht, dass für sie und ihn unterschiedliche Lebensthemen aufgetreten sind. Das Ende ihrer Beziehung war gleichzeitig die Entlassung ihres Mannes in die Selbstverantwortung, wie sie erzählt:

*»Am Anfang war es spannend, einen jüngeren Mann zu lieben, der anders war: Er gehörte einer anderen Generation an, ist in anderen Kreisen aufgewachsen, wohnte noch*

*in seiner Heimat Norwegen. Ich habe so viel gelernt und er hat viel von mir gelernt. Der Ausgleich stimmte. Aufgrund des Andersseins wurden Defizite von früheren Beziehungen ausgeglichen, es war wunderbar. So hätte es eigentlich von mir aus weitergehen können. Eine Liebe aus der Ferne, man freut sich aufeinander, der Alltag ist weit weg. Aber so nach zwei Jahren war uns beiden klar, dass die Situation unbefriedigend ist, vor allem für ihn, und er kam nach Österreich. Ich hatte mir schon die Frage gestellt, ob ich es denn verantworten könnte, ihn aus seinem Umfeld zu locken, was mache ich, wenn ich ihn nicht mehr liebe? Ich habe schon von mir erfahren, dass die Liebe auch wieder verflacht. Aber ganz aufgeben wollte ich ihn auch nicht, denn das hätte ja eine Weigerung für ein gemeinsames Leben bedeutet. Also kam er und wir waren sehr gut motiviert, aus unserer Liebe etwas zu machen. Nach ein paar Monaten musste ich beruflich für vier Monate nach New York. Es war eine schöne Zeit und ich wusste, wenn er noch da ist, wenn ich wiederkomme, dann wird es Zeit zu heiraten. So war es dann auch. Es war eine lustige Hochzeit, ganz anders als meine erste, mit meinen bereits erwachsenen Söhnen, die altersmäßig nur zehn Jahre jünger waren als Joakim. Dann ging es um seinen beruflichen Aufbau. Ich hatte ja schon alles, ich war selbstständig und wollte etwas kürzertreten. Aber damit war es nichts. Weil Joakim ein Reisebüro eröffnet hat, habe ich fleißig mitgeholfen, und ich arbeitete mehr als je zuvor, hab zwar viel gelernt, aber allmählich kamen die Probleme. Joakim war kreativ, aber in meinen Augen etwas leichtsinnig. Er war risikofreudig, aber da ich am Geschäft beteiligt war, hatte ja nur ich eigentlich etwas zu verlieren. Da stieg ich auf die Bremse, das nahm mir Joakim sehr übel. Plötzlich wurden die Gemeinsamkeiten immer weniger, wir hatten auch keine Zeit mehr füreinander. Und dann erkannte ich, dass der Altersunterschied im persön-*

*lichen und erotischen Bereich nicht das Problem darstellte, sondern es sind die unterschiedlichen Lebensabschnitte und deren Erfordernisse, die unsere Beziehung in gewisser Weise behinderten oder verhinderten. Ich habe Bilanz gezogen und erkannt, dass es sich auch in den nächsten dreißig Jahren nicht ändern würde. Von da an ging's bergab. Leider haben wir es nicht geschafft, mit diesen Problemen umzugehen, und ich war froh, dass Joakim mit einer einvernehmlichen Scheidung einverstanden war. Es war die emotionalste Scheidung, die man sich vorstellen kann, mit Tränen und Umarmungen, aber für mich war es eine Befreiung von Verantwortung.«*

Während Gitte dabei ist, sich aus dem beruflichen Leben allmählich zurückzuziehen, baut sich der Jüngere ein selbstständiges Leben auf. Für dessen Gelingen fühlt sich die Ältere zwar mitverantwortlich, aber außerstande, die Unvereinbarkeiten der Lebensthemen zu verbinden.

## Das Ende meiner Berufstätigkeit ist dann, wenn er noch »jung« ist

Das Ende des Erwerbslebens ist gleichzeitig der Eintritt in eine Lebensphase, die in unserer Gesellschaft als »Ruhestand« bezeichnet und mit Altsein verknüpft wird.

Ist die Frau die Ältere eines Paares, wird sie in der Regel vor ihrem jüngeren Partner in Rente gehen. Damit beginnt für das unkonventionelle Paar ein Lebensabschnitt, der eine besondere Herausforderung für die Aufrechterhaltung der Gleichwertigkeit in der Beziehung darstellt.

In einer konventionellen Verbindung scheidet meistens der ältere Mann zuerst aus dem Berufsleben aus, während seine jüngere Frau noch weiterarbeiten kann. Sie kann ihre

Berufstätigkeit aber auch vorzeitig beenden, um mit dem älteren Mann gemeinsam den neuen Lebensabschnitt zu gestalten.

Auf ein gemeinsames Leben ohne berufliche Verpflichtungen muss die ältere Frau in der unkonventionellen Verbindung warten, denn ihr jüngerer Mann steht noch immer voll im Beruf. Das will er im Allgemeinen auch nicht ändern. Der Grund dafür ist nicht, dass er sich kein Leben ohne Arbeit vorstellen könnte. Auch ein gemeinsames Altwerden hat er wohl nie in Abrede gestellt. Nun aber sorgt der Altersunterschied zur älteren Partnerin für ein Überdenken seiner Lebenssituation: Er befindet sich in einer Lebensphase, in der er noch viel schaffen und erreichen kann. Dieses Privileg und sein Lebensgefühl, welches das eigene Altwerden verdrängen will, verteidigt er der älteren Partnerin gegenüber. Wenn der jüngere Mann im mittleren Lebensalter ist, fühlt er sich durch die ins Alter eingetretene Partnerin nicht nur persönlich am Ausleben seiner noch als jung und aktiv empfundenen Lebensphase bedroht. Er wird auch erneut – wie zu Beginn der Beziehung, als er noch der junge Mann war – mit den gesellschaftlichen Vorstellungen und Bewertungen der unkonventionellen Beziehung konfrontiert. Je deutlicher der Altersunterschied sichtbar wird, desto stärker werden auch die gesellschaftlichen Vorurteile greifen. Spätestens jetzt wird klar, dass die gesellschaftliche Ächtung dieses Paares sich lediglich verzögert hat. Solange die Frau, die einen jüngeren Mann liebt, anerkannt dynamisch und aktiv im Berufsleben steht, ist sie attraktiv. Aber die sichtbar alte Frau wird als nicht begehrenswert definiert und gilt somit als die »falsche« Partnerin. Der jüngere Mann, der sich zu seiner alten Frau bekennt, wird nicht selten der Lächerlichkeit preisgegeben.

Die Rolle der ins Alter eingetretenen Frau kollidiert mit der Rolle des Mannes im mittleren Lebensalter »um die

50«. Die Ältere muss sich mit ihrer gesellschaftlichen Abwertung als Liebespartnerin auseinandersetzen. Der jüngere Mann versucht, sich gegen eine Etikettierung als unmännlich und lächerlich zu wehren.

Um sich dem Klischee zu widersetzen, gerät er in Konflikt, wie die Geschichte von *Annelie*, 65, erläutert:

*»Wir hatten Pläne, Richard und ich. Als ich mit 60 meine abhängige Berufstätigkeit an den Nagel hing, sollte für uns beide ein neues Leben beginnen. Nach vielen Jahren, die wir im Ausland verbracht hatten, wollten wir in der Heimat sesshaft werden. Während all der vergangenen Jahre hatte überwiegend ich die als traditionell betrachtete Rolle des Haushaltsvorstands inne, wie diese Funktion bis vor nicht allzu langer Zeit noch statistisch definiert wurde, und den Mann meinte, den Versorger, der Schutz und Sicherheit versprach. Die traditionelle Rollenteilung hatten wir ja längst hinter uns. Jeder sollte seine Chance bekommen, und für ihn war sie jetzt da. Er war 47 und jung genug, um beruflich noch mal durchzustarten. Ich hingegen fand die Vorstellung schön, mal nichts tun zu müssen, einfach nur den Tag zu genießen, mich spontan für irgendwas entscheiden zu können.*

*Allerdings klappte es in seinem Berufsleben nicht gut. Früher hätte ich keine Zeit gehabt, mich darum zu kümmern. Ich bin zwar jetzt auch noch in berufliche Projekte eingebunden, jedoch ohne vorgegebene Zeitstruktur. Ich habe also Zeit, und die Kompetenz, mich bei ihm einzubringen. Aber das will er überhaupt nicht.«*

Früher, als Annelie auch noch berufstätig war, hätte Richard seine Pläne und Überlegungen mit ihr diskutiert. Nun aber wehrt er sie ab. Was ist der Grund? Eine Freundin, die mit einem zehn Jahre älteren Mann verheiratet ist, erzählte, dass ihr Mann jetzt, da er älter geworden ist und sein aktives Berufsleben beendet hat, manchmal bewundernd sagt, es sei großartig, was sie noch alles kann, wie viel sie weiß, dass sie eine gute Einstellung habe, ein ausgewogenes Urteil, so klug die Dinge angehe und eine hervorragende Organisatorin sei. Das, so sagte sie, habe er früher nicht anerkennen und schon gar nicht aussprechen können. Die Freundin, in dieser Ehe die Jüngere, sagt, sie fühle sich – endlich – wertgeschätzt.

Welchen Effekt hätte wohl ein solches Kompliment, wenn die Frau die Ältere ist und in das Alter kommt, wo sie ihr aktives Berufsleben beendet, ihr jüngerer Mann hingegen noch mitten im Erwerbsleben steht?

Am Anfang der Beziehung ist die ältere Frau bereits die Erfahrenere, die »Weisere«. Das gefällt dem jüngeren Mann: Eine Frau, die weiß, was sie will, die ihr Glück nicht allein vom Partner abhängig macht, die ihn nicht in ständiger Beschützerrolle braucht, die zusätzlich attraktiv aussieht und begehrenswert ist. Der junge Mann ist stolz auf die ältere, erfahrene Frau.

Doch die alternde und alte Frau ist durch ihre Erfahrung und Weisheit für den jüngeren Mann – der dann im mittleren Lebensalter ist – eher eine Bedrohung. Er will mit 50 nicht hören, was er noch alles kann. Er ist in einer Lebensphase, in der er viel eher beweisen will, dass er alles kann und daher nicht alt ist. Dazu braucht er nicht unbedingt eine jüngere Frau. Aber die Ältere ist für ihn jetzt wenig hilfreich. Der jüngere Mann im mittleren Lebensalter, der mit seinem eigenen Älterwerden zu kämpfen hat, seine Krise der Lebensmitte durchwandern muss, ist nicht mehr stolz auf die alternde Frau. Er könnte die Anerkennung der »alten, weisen« Frau weniger als Wertschätzung verstehen denn als Wertminderung. Er ist jetzt in (s)einer Lebensphase, in der ihm – vielleicht zum ersten Mal in der Beziehung – so richtig klar wird, was es bedeutet, eine ältere Frau zu haben, weil sie nun nicht nur äußerlich deutlich altert, sondern zudem in eine völlig andere Lebensphase eingetreten ist: Bei ihr geht es nun um die innere Abrundung des Lebens, es ändert sich auch die Lebenseinstellung, körperliche Einschränkungen nehmen zu, der Abschied von der Gesundheit als beinahe selbstverständlicher Zustand beginnt und die bisher stolze unabhängige Frau verändert sich: Sie macht eine Durchgangsphase mit, in der sie sich erst wieder finden muss – eine Lebensphase, in der er nicht ist und noch nicht sein will.

Wenn der junge Mann älter wird, erwirbt er ebenfalls ein eigenes genaueres Wissen von sich selbst und ist deshalb auf die Erfahrung und das Wissen der älteren Frau, das ihn anfangs angezogen hat, nicht mehr angewiesen. Im Gegenteil: Er will sich selbst erfahren, will sich etwas beweisen. Die ältere Frau muss sich dann, um ihm das zu gestatten, zurückziehen, ihn loslassen, ein Risiko eingehen. Wenn sie das aber nicht (so) sieht, wird sie ihm beweisen wollen, dass sie eben immer noch besser ist und mehr weiß. *Linda*, 67, verheiratet mit Robert, 57, hat Folgendes festgestellt:

*»Wir haben viele befreundete Paare, bei denen der Altersunterschied und somit auch die Lebenssituation umgekehrt ist. Der Mann ist in Rente, die Frau steht noch im Berufsleben. Der Mann nimmt die Altersrolle an, die Frau bemuttert ihn. Er kann und darf alt sein, kann und darf über seine Wehwehchen oder Zukunftsängste sprechen, sie tröstet ihn, richtet ihn auf, ist sein Jungbrunnen. Und gleichzeitig ist er immer noch der Beschützer der jüngeren Frau. Ich kann es mir nicht erlauben, über Alterskrankheiten oder Ängste zu sprechen, weil mein Mann sich noch nicht in dieser Lebensphase sieht. Gleichzeitig habe ich nicht das Gefühl, in einer beschützten Rolle zu sein. Er will mich weiterhin als die Starke sehen, die ihre Lebenserfahrung positiv nutzen kann.*

*Er will mich nicht in der Rolle der Alten sehen. Wenn er*

*krank ist, sich das Kreuz verrissen hat, dann kann ich ihm zum Beispiel die Wärmflasche ins Bett geben. Das ist kein Diskussionspunkt. Wenn ich jedoch die Wärmflasche ins Bett nehmen würde, weil ich leicht fröstele, zum Beispiel – und das habe ich auch sehr wohl getan, als ich jünger war, wäre dies ein Diskussionspunkt. Ich kann mein Altern nicht mit ihm thematisieren. Das kann man mit einem älteren Mann leichter, er kann die Beschützerrolle leichter spielen.«*

Wie geht die ältere Frau damit um? Ihr Partner liebt sie weiterhin. Trotzdem muss *Linda* jetzt ein Stück weit allein gehen. Sie meint:

*»Ich kann mich vielleicht erst fünf Jahre später so verhalten, wie ich mich jetzt altersmäßig verhalten würde, hätte ich einen älteren Mann. In ein paar Jahren ist Robert auch älter geworden.«*

Altern ist ein Prozess. Dass seine Partnerin schneller altert, als er möchte, blendet der Jüngere gern aus, wenn er sich noch jung fühlt.

Eine Folgerung ergibt sich ohnehin: Wer mit einem jüngeren Mann zusammenbleiben will, muss seine Perspektive wahrnehmen, ebenso wie derjenige, der mit der älteren Frau zusammenbleiben will, auch ihre Perspektive anerkennen muss und sich gegebenenfalls so verhalten, dass sich die eigene und die andere nicht eines Tages konträr gegenüberstehen.

Nehmen wir zum Beispiel die Ängste. Wer Angst hat, den anderen zu verlieren, wird immer überlegen, wie er ihn einst gewonnen hat, und wird diese Dinge erneut einsetzen wollen. Was hier aber verkehrt wäre. Denn der Jüngere würde sich – zu einem späteren Zeitpunkt der Beziehung –, um weiterhin geliebt werden zu können, schwächer als er (geworden) ist geben müssen, würde seinen Erfahrungshunger in Bezug auf eigene Erfahrungen verstecken müssen, damit das Gleichgewicht erhalten bleibt. Und die Ältere würde in diesem Fall versuchen, noch mehr zu powern und noch toller zu sein, was beiderseits aber zu Unzufriedenheit führen würde. Denn der Jüngere fühlt sich dadurch auf die Dauer gebremst und blockiert, während sich die Ältere überfordert fühlt und sich eigentlich wünschen würde, nun langsam selbst die Schwächere sein zu dürfen. Was sie aber, einem inneren Beziehungsgesetz folgend, oft nicht riskiert, und auch der Jüngere riskiert es nicht, sie durch Eigeninitiative möglicherweise abzuschrecken und aus dem Gleichgewicht zu bringen. Sie würden nach wie vor gut zusammenpassen, wenn beide es schafften, sich die andere Rolle wirklich zugestehen und ihre alten Rollen loslassen zu können. Dass dies oft nur kleine Rücksichten im Alltagsleben betrifft, sagt zum Beispiel *Reny*, 67:

*»Bert und ich sind leidenschaftliche Skifahrer. Wir haben auch die meisten Extrem-Touren zusammen gemacht, bis noch vor drei Jahren. Ich fühlte mich aber einfach nicht mehr so sicher, wollte unbedingt Stürze vermeiden und habe mich seither nicht mehr auf die schwierigen Pisten gewagt. Bert ist anfangs mir zuliebe dann auch gemütlicher gefahren, wie er unseren Freunden gegenüber meinte. Ich sei ja nun schließlich auch nicht mehr die Jüngste. Das hat für mich bedeutet, dass er nun nicht so ganz glücklich dabei ist mit dieser Gemütlichkeit. Wir haben dann einmal mit einem Paar aus unserem Bekanntenkreis, der Mann ist in meinem Alter, ein Skiwochenende verbracht. Der Mann entschied sich für eine sichere, leichtere Piste, während seine zwölf Jahre jüngere Frau diese zu langweilig fand. Ich schlug vor, dass ich mit dem Mann fahre, und seine Frau und Bert zogen auch zusammen los. Das hat uns allen Spaß gemacht. Es ist keine große Sache*

*und trotzdem wichtig für Bert, denn dieses Arrangement ist eine von seinen Möglichkeiten, sich ein Stück Jüngersein zu verwirklichen.«*

## Der Wunsch, schön zu sein

Als ich mich mit den Frauen zum Interview getroffen habe, war die Befürchtung, jetzt oder später nicht schön genug zu sein, um noch begehrt werden zu können, immer ein Thema.

Häufig hört man die Behauptung, dass Jugend an sich schön sei. Was nicht stimmt. Denn wahre Schönheit ist äußerst rar. Jugend ist keine Garantie für Schönheit. Um das festzustellen, genügt die Alltagserfahrung. Die Erfahrung zeigt uns ebenfalls, dass nicht nur die wahren Schönen geliebt werden. Schönheit ist keine Garantie für Liebe.

Manche Frauen behaupten, das Gefühl, nicht schön zu sein, sei nichts anderes als mangelndes Selbstbewusstsein. Jede Frau sei schön, so wie sie ist, sagen sie. Die Ideale der Schönheit, ob mollig oder dünn, großbusig oder knabenhaft beispielsweise, unterliegen dem Geschmack und dem Diktat der Zeit. Zeit- und Epochen übergreifend bildet jedoch die junge Frau das Ideal. Demnach gehören Jugend und Schönheit zusammen? Das stimmt. Die ältere Frau sieht sich daher in einem Konflikt gefangen. Der Wunsch, schön zu sein, lässt sich nicht verdrängen. Dem Ideal der Jugend entgleitet sie mit zunehmenden Lebensjahren. Also auf die innere Schönheit setzen? Oder doch zur kosmetischen Verschönerung greifen? *Karin*, 46, sagt:

*»Mein zehn Jahre jüngerer Partner findet mich schön. Ich glaube ihm das auch, weil ich selbst der Meinung bin, gut auszusehen. Sicher werde ich noch einige Jahre so bleiben, aber verhindern kann ich die Anzeichen von Alter nicht*

*ewig. Ich habe mir schon überlegt, ob ich dann meiner Schönheit eben etwas nachhelfe, es gibt heute sichere Methoden, meinetwegen auch eine Operation, um sich länger jugendlich erhalten zu können. Warum sollte ich das nicht tun, um ihm und mir weiterhin zu gefallen?«*

So viel ist sicher: Wie alt oder jung Frauen aussehen, können sie heute in einem gewissen Ausmaß, unter gewissen Voraussetzungen und bis zu einer gewissen Grenze selbst bestimmen. Aber: Hängt denn die Liebe nur von den Formen, den Falten und den Lebensjahren ab?

Und weil auch Sexualität für die meisten Menschen an körperliche Attraktivität gebunden ist, machen sich Frauen Sorgen, wie ihr jüngerer Mann wohl ihren Körper empfinden mag, der dem an der Jugend gemessenen Ideal nicht (mehr) entspricht. Aber sie fragen den Partner im Allgemeinen nicht nach seinem Urteil. *Irma*, 45, erklärt das so:

*»Man hat eine natürliche Scheu, wenn jemand jünger ist, auch wenn man nicht konventionell ist und auch noch nicht so alt. Ich bin ja eigentlich selbst mit meinem Körper zufrieden, aber natürlich im Vergleich zu den jungen Frauen ist mein Körper eben alt.«*

Das Älterwerden, dieser Prozess, der unaufhaltsam fortschreitet, wirft Frauen immer wieder auf die alten Ängste zurück. So wie dies auch die 55-jährige *Julia* empfindet: *»Ich spüre zum ersten Mal Scham ihm gegenüber. Wie ist es für ihn? Mag er mich noch so?«* Ihr Partner ist 20 Jahre jünger als sie. Sie kennen sich seit zehn Jahren. In dieser Zeit – zwischen Mitte 40 und Mitte 50 – hat sich der Körper der Frau anders verändert als der Körper des Mannes, der jetzt erst 35 Jahre alt ist.

Frauen sollten nicht nur auf ihre jugendliche Schönheit bedacht sein, ist oft in Frauenzeitschriften zu lesen, denn auch sie würden, wie dies bei Männern häufig der Fall wäre, im Alter charismatischer.

Das mag ja sein. Eine Beruhigung ist diese Aussage nicht für Frauen – so selbstsicher sie auch im Allgemeinen sind –, wenn sie das Gefühl haben, mit Jugend konkurrieren müssen.

Dabei könnten sie sich auf seine Aussage verlassen, wenn er sagt, das Alter spielt doch keine Rolle. Jede Frau, die von einem jüngeren Mann geliebt wird, hört diese Worte viele hundertmal. Man kann sie ihm glauben. Denn Frauen, die ihre kalendarische Jugend hinter sich gelassen haben, sind begehrenswert, weil sie etwas haben, was in der Waage des Liebes-Glücks schwer wiegt: mehr Selbstbewusstsein, ein stärkeres Selbstwertgefühl, Unabhängigkeit, mehr Lebensklugheit und Charme.

## Ist es noch Liebe?

Es geschieht oft, dass das Anfangserlebnis, sich zu verlieben, mit dem permanenten Zustand zu lieben verwechselt wird. Sich zu verlieben, dieses Wunder der plötzlichen innigen Vertrautheit, die bekannterweise mit der sexuellen Anziehung einhergeht oder durch sie ausgelöst wird, enthält ein ganz anderes Paket von Emotionen und Fähigkeiten. Im Alltag, wenn man sich besser kennen lernt, verliert sich der geheimnisvolle Charakter der Vertrautheit immer mehr. Enttäuschung, Streit, Langeweile kommen auf, und das Bündel ursprünglich netter Eigenschaften zeigt auch die weniger vorteilhaften. Das ist bei jedem Paar so, ob traditionell oder unkonventionell. Die ganz normalen Beziehungskonflikte empfinden die ältere Frau und der jüngere Mann jedoch unter einem anderen Aspekt als das »normale« Paar, denn Konflikte, Probleme werden stets vor dem Hintergrund des »umgekehrten« Altersunterschieds ihrer Verbindung ausgetragen. Das Ergebnis der Konfliktbewältigung mag dabei kein anderes sein als bei jedem Paar: Die Liebe siegt. Oder man stellt fest, dass sie abhanden kam. Ein wahrscheinliches Ergebnis spricht *Edith*, 57, an, die mit ihrem 15 Jahre jüngeren Partner seit 20 Jahren zusammenlebt:

*»Es gab immer wieder Phasen, in denen wir das Gefühl hatten, wir müssten uns nicht nur uns selbst gegenüber, sondern auch unserem Umfeld gegenüber verteidigen, wenn es zu Problemen in unserer Ehe kam. Wir haben natürlich nicht immer nur eitel Sonnenschein gelebt. Da sind schon mal die Fetzen geflogen. Und immer mussten wir uns auch bei fast unbedeutenden Problemen sozusagen erklären: nein, dass ich den andern nach zehn Bier nicht mehr ans Steuer lassen will, dass wir gekränkt sind, weil der andere wieder mal den überquellenden Mülleimer ignoriert hat, dass er meine chronische Unpünktlichkeit leid ist, dass all dieser Alltagsstress nichts damit zu tun hat, dass ich älter bin als er.«*

Von dieser Ermüdung sprechen vor allem Paare, die schon lange zusammen sind und *»einfach nur noch eine gute Beziehung in Ruhe weiterleben«* wollen, sagt Edith.

Dennoch: mit der Ruhe ist das eine trügerische Sache. Viele der interviewten Frauen haben erzählt, sie würden aufmerksam auf Zeichen von Abkühlung achten, von Gleichgültigkeit oder fehlender Leidenschaft, um ihre Liebe auch nach vielen Jahren des Zusammenseins nicht in der Routine zu verlieren. *Ulrike*, 55, erzählt zum Beispiel:

*»Ich wache auf. Blicke auf die aufgetürmten Bettdecken, vier Schichten, auf das Futon neben mir. Nur Heiners Lockenkopf schaut aus dem Mumienbündel heraus. Es ist Winter. Nachttemperaturen zwischen einem und fünf Grad Celsius. Gerade genug, um den Gefrierpunkt zu vermeiden.*

*Mein Blick fällt auf den schmalen, weiß leuchtenden Streifen an Heiners Nackenansatz. Das, was zwischen dem mintgrünen Schlafanzugkragen und den braunen Locken frei liegt. Ich überlege einen Moment, zu Heiner hinüber zu kriechen. Schon öfter habe ich in den letzten beiden Wintern festgestellt, dass es in seinem Bett viel wärmer war als in meinem. Das hat mich irritiert. Ich fühle deutlich genug, dass ich mich viel langsamer erwärmen kann als früher. Möglich, dass es gar nicht wirklich ist. Ich habe Heiner noch nicht gefragt, ob er das Abkühlen meines Körpers bemerkt hat. Früher hat Heiner oft zu mir gesagt, mein Körper sei wie ein Heizofen, wenn er spät nachts ins Bett kam und ich aufgewacht bin. Man müsse von mir abrücken, um sich nicht zu verbrennen, hatte er gescherzt, und sich ganz eng an mich geschmiegt.*

*Heiner scheint noch zu schlafen. Ich würde gerne über den Streifen Nackenhaut streichen, aber dazu müsste ich meine Hand aus den Deckenschichten heraus schälen. Ich beschließe den radikaleren Schritt: in die Küche hinunter zu gehen, um das Frühstück herzurichten. Es ist Sonntag. Ein freier Tag und ich brauche nicht aus dem Haus.«*

# Kapitel VII:

# Die Liebe siegt

Der spezifische Altersabstand macht das Paar anders und besonders. Die Frau in der Beziehung ist dem Mann an Lebensjahren voraus. Und weil diese Tatsache mit der Bedeutung verbunden ist, die in unserer Gesellschaft für die Partnerwahl vorherrschend ist, führt sie zu Konflikten. Im Zentrum steht die gesellschaftliche Bewertung von Alter, die für die Frau und den Mann unterschiedlich ist.

In einer Liebesbeziehung zum jüngeren Mann spitzen sich alle Probleme, die mit dem Altern und dem Alter der Frau zu tun haben, in besonderer Weise zu. Über die Schwierigkeiten, die dadurch entstehen können, haben wir in diesem Buch schon gesprochen. Doch die Liebe kann trotzdem siegen – entgegen aller Widerstände, die die gesellschaftliche Bedeutung von Alter für das unkonventionelle Paar schaffen kann.

Die Chancen ergeben sich zum einen aus den persönlichen Voraussetzungen des Paares: Das ist zunächst der Mut, entgegen der Norm die unkonventionelle Beziehung einzugehen.

Des Weiteren ist es wichtig, die Vorurteile zu kennen, denn wenn man weiß, mit welchen Schwierigkeiten zu rechnen ist, kann man sich dagegen wappnen.

Und schließlich ist die Liebe das Fundament ihrer Beziehung. Die Liebe ist nicht zuletzt auch eine bewusste Entscheidung. Wenn die Liebe ernst genommen wird, kann sie auch eine unkonventionelle Beziehung tragen.

Die Chancen des Paares werden – und auch das ist wichtig – zum anderen durch die gesellschaftlichen Rahmenbedingungen unterstützt. Die Aussichten sind gut, dass die ältere Frau und der jüngere Mann gleichwertig neben dem bisher als normal geltenden Paar stehen können. Dazu tragen verschiedene Wandlungen in unserer Gesellschaft bei, und auch die Entwicklung der Bevölkerung lässt eine gleichgestellte Normalität des Frau-älter-als-Mann-Paares voraussehen.

Wenn sich die ältere Frau und der jüngere Mann also durch die Vorurteile und den Druck der bisherigen Norm nicht einschüchtern lassen und die unterstützenden Zeichen der Gesellschaft wahrnehmen und für sich nutzen, wird ihre Liebe das Einzige sein, was zählt. Wie dies zum Beispiel *Anke* und ihr jüngerer Mann *Joachim* ausdrücken: *»Wir sind so tief glücklich, dass wir uns gefunden haben.«*

Auf beide Aspekte, sowohl die persönlichen als auch die gesellschaftlichen Chancen, gilt es, einen Blick zu werfen.

## Die Freiheit, ich selbst sein zu können

Die Liebe ist für das Paar mit der älteren Frau und dem jüngeren Mann wesentlich mit dem verknüpft, was sie unter »Freiheit« verstehen. *Beate* sagt:

*»Die Sehnsucht nach Liebe war für mich dasselbe gewesen wie die Sehnsucht nach Freiheit«.*

Der Soziologe und Philosoph H. G. Adler erklärt Freiheit als ein erworbenes, geistiges Gut. Freiheit sei nichts Selbstverständliches, und was immer ein Mensch als Freiheit bezeichnen mag, es setzt ein bestimmtes Begehren voraus. Das bedeutet, das Bedürfnis nach Freiheit entspringt dem Streben nach Selbstständigkeit und nach einer innerlich unabhängigen Persönlichkeit, die ihr Handeln mit freiem Willen und nach ihrem Gewissen bestimmt.[4]

Zur Freiheit muss man sich demnach entschließen. Die Sehnsucht allein bringt sie nicht zustande, den Weg zur Selbstbestimmung muss man gehen. Die unabhängige Person ist Ergebnis, ist Ziel des Weges.

Idealerweise treffen sich zwei selbstbestimmte Personen, um eine Beziehung einzugehen. Rangordnungen gibt es dann nicht. Auf einer gleichen Ebene lassen sich Freiheiten respektieren.

Nach 16 Jahren des Zusammenseins mit ihrem jüngeren Partner gibt *Irma,* 60, die folgende Beurteilung ihrer Verbindung ab:

*»Bei allem, was diese Beziehung für mich bedeutet, ist das Wichtigste, dass ich nie zuvor diese einzigartige Freiheit, ich selbst sein zu können, verspürt habe.«*

Diese Freiheit war zuerst eine Hoffnung, nur eine Antwort des Gefühls auf einen angedeuteten Blick in die Zukunft. Dies geschah auf einer Reise, die Irma und Stefan unternahmen. Damals lag es *Irma* fern, an mehr als ein Verliebtsein zu glauben:

*»Wir saßen abends beim Essen und sprachen über den schönen Tag. Da hat Stefan ganz vage angedeutet, dass er sich vorstellen kann, mit mir zu leben. Das kam so überraschend und war so toll. Das hat mir direkt die Luft genommen, ich habe mich nicht getraut, zu reagieren, um nicht fragen zu müssen, ob ich ihn missverstanden habe. Es war bis dahin noch nie davon gesprochen worden. Aber offensichtlich war bei ihm der Gedanke schon aufgetaucht, und dann habe ich mich getraut, auch daran zu denken. Damals war er ja noch der sehr junge Mann für mich, er war*

*25, und ich habe nicht damit gerechnet, dass dieser junge Mann auf diese Idee kommt.«*

Inzwischen, sagt sie, leben sie »wie eingefahrene Eheleute«. Aber sie fühlen sich beide lebendig, nicht festgelegt. *»Wenn wir mal auseinander sind, schreiben wir uns auch jetzt noch gleich wieder ein E-Mail oder SMS oder reden stundenlang am Telefon«*, sagt *Stefan* und findet dies nach all den Jahren des Zusammenseins noch immer »romantisch«. Ein Austausch von Gefühlen sei möglich, ein Eingehen auf die Bedürfnisse des anderen auch.

*»Stefan sagt manchmal, ich sei herrschsüchtig. Andererseits lässt er sich gern bemuttern, da gebe ich ihm vielleicht zu wenig. Aber er ist für mich ebenso da. Er bevatert mich, sodass ich auch ein bisschen die arme Kleine sein kann. Das ist schön, nicht immer nur die Große, Starke sein zu müssen. Ich kann kindlich, traurig, krank oder sonst was sein. Das ist wirklich fantastisch.«*

Was Stefan als das Geheimnis ihres Zusammenseins sieht, hat mit ihrer beider »Bedürfnis nach Freiraum« zu tun. Zum Beispiel kann sie die Konventionen, die er ablehnt, aufrechterhalten, ohne in der Beziehung Konflikte auszulösen. Er hält nicht viel von Umgangsformen, die nur mit Sinn begründet sind, weil »man« sie pflegt. Ihr ist es wichtig, sich hier und da auch anzupassen. *Stefan* hat dies so erklärt:

*»Ich bin in das Dorf gekommen. Dort war sie sehr integriert. Sie hält die Gepflogenheiten der dörflichen Gemeinschaft mehr aufrecht als ich. Sie muss ja auch dort offener leben. Mich stört das nicht. Sie hat immer den Vorgarten schön gemacht, alle Leute auf der Straße grüßt sie. Sie vergisst nicht, dass man das Grab auf dem Friedhof gießt und dass man, wenn jemand gestorben ist, zum Rosenkranz geht und Karten schreibt. Daran beteilige ich*

*mich gar nicht, es wird auch nicht erwartet.«* Er meidet berufliche und andere Gewohnheiten, versucht viel Neues, bisweilen mit Erfolg. Sie verfolgt ihre Ziele als Lehrerin, ehrgeizig und gewissenhaft. *»Ich mag an ihr, dass sie wirklich akzeptiert, warum ich verschiedene Dinge nicht will. Das toleriert sie und das bedeutet mir sehr viel. Manchmal ist da vielleicht schon ein gewisses Bedauern, wenn ich zum Beispiel die Möglichkeit hätte, einiges Geld zu verdienen, und ich diese Chance aus nicht jedermann verständlichen Erwägungen ablehne. Auf der anderen Seite sagt sie, sie will sich nicht von einem Mann ernähren lassen, und das ist auch echt.«* Dies bedeutet für ihn auch Freiraum, den sie ihm für sein eigenes Leben gibt, sagt Stefan. Er glaubt, Irma schätze an ihm die Nachsichtigkeit, dass er »nicht in Obrigkeiten und Untergebene« einteile, sie mag sein Aussehen und die Tatsache, dass sie nicht allein ist.

*Irma* meint: *»Es imponiert mir, wie er sein Leben führt. Er hat einen ungeheuren Freiheitsdrang und eine Art von Großzügigkeit, die ich ihm eigentlich immer vorwerfe, die mir aber in Wirklichkeit sehr gut gefällt. Er ist ein wahnsinniger Idealist, das ist erholsam.«*

*Stefan* mag an ihr, *»wie sie mit Leuten umgeht, wie sie es mit den Kindern meistert, ohne sie zu sehr einzuengen, wie sie schreibt und formuliert, wie sie das, was sie liest, bespricht oder einschätzt«*. Und er liebt ihre Zärtlichkeit und Erotik.

*Irma* glaubt, Stefan schätze an ihr tatsächlich die Frau mit Lebenserfahrung. *»Ein gewisses Stehvermögen, das bewundert er schon. Ich halte mich für zuverlässig und glaube, das achtet er auch, dass man ganz einfach seine Pflicht tun muss, um das alte Wort zu gebrauchen, und sich auch durchbeißt.«*

*»Die Erfüllung ihres Glücks hat auch damit zu tun, dass er wirklich zu mir steht«*, sagt *Irma*, und sie spricht von seiner Treue, *»Treue, die von selber da ist, nicht aus einer*

*Ideologie heraus.«* Das gibt ihr Ruhe und Kraft. Auch die starke Sexualität über all die Jahre hinweg empfinde sie als Kompliment für sie beide, denn sie begehre ihn ebenfalls »noch immer«.

*»Ich bin erst mit Irma monogam geworden«, bekennt Stefan, »freiwillig, wir sind ja nicht verheiratet.«* Sie haben sich vor einigen Jahren Trauringe gekauft, als Geste der Zusammengehörigkeit.

Gibt es Pläne für die Zukunft? *»Die Zukunft ist immer offen für uns«, sagen beide. »Wir sind eine Frau und ein Mann, die sich in relativer Freiheit etwas zu geben haben.«* Irma spricht von einer »selbstsicheren« Liebe. *»So wie man als junges Mädchen denkt, die Welt stürze ein oder der Himmel hängt nur voller Geigen, das ist nicht mehr so. Ich glaube, das ist eine Frage des Älterwerdens. Mit der Lebenserfahrung kriegt man sein Gefühl besser in die Hand.«* Und sie haben sich noch ein weiteres Stück Freiheit erworben: *»Wir haben nicht das Gefühl, dass wir alles opfern müssen, sonst liebt er/sie mich nicht mehr.«*

Doch eines wird ihre Beziehung niemals sein: »gescheitert«. *»Wenn wir uns nicht mehr verstehen, würden wir sicher auseinandergehen. Aber es wird immer so sein, dass unsere Beziehung für die Zeit, die wir zusammen sind, eine Menge wert ist. Es ist eine intensive Lebenszeit. Und wirklich, warum sollte sie nicht ewig dauern?«*

## Der Jüngere ist gerüstet

Ein Grund für die Überlegung, die Beziehung zum jüngeren Mann könnte nicht »ewig« dauern, ist die Vorstellung der Älteren, wegen einer jüngeren Frau verlassen zu werden. Die dadurch ausgelösten Ängste werden in einem vorigen Kapitel besprochen. Einige der von mir befragten jüngeren Männer haben dazu Stellung genommen.

Viele Frauen glauben, wenn sich der jüngere Mann nicht ernsthaft für eine jüngere Frau interessiert, dann liegt es an seiner Persönlichkeit. Volker sagt zum Beispiel, es läge an seiner Angst vor der Unfreiheit. Er sucht seinen eigenen Weg und mag ihn nicht durch andere bestimmen lassen. Schon gar nicht dadurch, was »man« denkt und tut. Seine Interessen sind ihm wichtig, und er achtet darauf, dass sie ihm nicht abhanden kommen. Wie durch seine jüngere Freundin damals. Er mag diese Spielchen nicht, diese ewigen Kleinigkeiten, das Schmollen, den taktischen Schachzug als Reaktion, die Erwartung, dass er die Entscheidung für irgendetwas treffe. Er wünscht sich eine Frau an seiner Seite, die selbstständig ist, ihn atmen und Mensch sein lässt. Vorschriften, Bestimmen – nein, danke. Er möchte nicht der »Herrscher« sein – aber auch nicht der Beherrschte.

»Ich war schon immer anders«, versichern viele »Jüngere«. Und »anders« zu sein als die Personen, mit denen der jüngere Mann sich vergleicht, gestattet ihm auch, sich bei der Wahl einer Partnerin »anders« zu verhalten, anstelle der »normalen« Jüngeren die Ältere zu wählen, wenn und weil er sie liebt. Er liebt sie auch, weil sie ebenfalls »anders« ist. Der Jüngere begründet sein »Anderssein«. Er äußert die Vermutung, es dem Einfluss von Familie und Freunden zu verdanken. Der 39-jährige *Helmut* meint:

*»Ich habe immer, schon als Jugendlicher, nicht so gedacht wie die anderen. Das mag natürlich damit zusammenhängen, dass meine Schwester älter ist als ich. Da wächst man schon ein bisschen anders auf. Ich habe das immer schon blöde gefunden, was die jungen Mädchen so gemacht haben. Deren Anschauungen waren mir immer etwas unreif. Sie waren mir zu albern, ich habe mich eigentlich schon viel reifer gefühlt. Es haben sich immer Gelegenheiten ge-*

*boten, auch mit wesentlich jüngeren Mädchen. Aber ich dachte, das mag ja ganz nett und lustig für einen Flirt sein, doch was soll ich sonst mit denen anfangen? Die Grundlage für eine Beziehung war für mich halt auch eine wirkliche Ebene der Verständigung. Besonders bei viel jüngeren Frauen führt da kaum ein Weg hin.«*

Helmut scheint »gerüstet« zu sein, die Herausforderung einer Beziehung zur älteren, erfahrenen Frau aufzunehmen. *Karl* glaubt, diese Fähigkeit im Umgang mit Freunden erworben zu haben:

*»Meine Freunde waren seit meinem 13. Lebensjahr alle älter als ich. Es ergab sich, dass ich mich ihnen angeschlossen habe und dort auch akzeptiert wurde. Dadurch war ich mehr gefordert in meiner Entwicklung, denn ich wollte ja nicht als jünger auffallen. Ich glaube schon, dass mir deshalb der Umgang mit älteren Personen vertraut und selbstverständlich vorkommt.«* Deshalb habe er auch den Altersunterschied zu Susanne nie so stark empfunden, jedoch befreiend den Unterschied zu den Frauen, die seinem Lebensalter zugedacht sind: *»Die Frauen in meinem Alter sind mir letztlich zu langweilig, obwohl sie ständig auf Achse sind. Es ist so ein wahlloses Zerstreuen. Verständlich ist es schon, weil sie halt auf der Suche sind. Meine Partnerin habe ich mir aber anders vorgestellt.«*

Anzunehmen ist, dass dieser jüngere Mann die ältere Partnerin kaum gegen eine Jüngere austauschen wird. Die junge Frau kann die erfahrene Ältere nicht ersetzen.

## Vertraut mit der Rolle der Älteren

Frauen, die ihre Verbindung mit dem jüngeren Mann erfolgreich leben, erzählen, dass sie durch ihre Beziehung gelernt haben, zu ihrem Alter zu stehen. Ähnlich wie *Nicole*, 50, das beschreibt:

*»Eine Frage, die mir als der Älteren in der Ehe mit dem jüngeren Mann häufig gestellt wird, lautet, ob ich denn zunehmend sorgenvoll in den Spiegel schaue. Das scheint eine beliebte Vorstellung für die meisten Mitmenschen zu sein, wenn sie an die Frau als die Ältere in einer Beziehung denken. Diese Frau müsste, so denken sie, in einem fort ihre Jugendlichkeit und Attraktivität überprüfen.*

*Mit 34, als ich meinen jüngeren Mann kennen lernte, fühlte ich mich zugegebenermaßen geschmeichelt, wenn ich hörte, ich würde höchstens wie 28 aussehen. Da war mir diese Aussage wichtig, weil ich mich in den jungen Mann verliebt hatte. Heute weiß ich, dass ich nur im Alter von 28 wie 28 aussah. Wie auch immer eine Frau in einem gewissen Alter aussehen sollte – es ist nicht die Wirklichkeit. Es gibt keine Schablone. Die existiert nur als Vorurteil in den Köpfen der Menschen. Und es ist schwierig, sich davon zu befreien, das weiß ich auch. Heute sehe ich wie 50 aus und werde in zehn Jahren wie eine 60-jährige Frau aussehen, weil ich es dann bin. Damit habe ich keine Schwierigkeiten mehr.«*

Das heißt nicht, dass Frauen ihre »Jugendlichkeit« in Abrede stellen (wollen). Jugendlichkeit ist eine Haltung und ist nicht notwendigerweise mit biologischer Jugend oder einem jungen Aussehen verknüpft.

Die Frau, die ihre Rolle als die Ältere in der Beziehung angenommen hat, wird im Allgemeinen von ihrer Umwelt als »jugendlich« empfunden, wenn sie spontan und offen ist und nicht festgefahren in ihren Ansichten. Diese Art von Jugendlichkeit wirkt authentisch, nicht erzwungen, um dem Jüngeren zu gefallen oder den anderen gegenüber die normgerechte Partnerin darzustellen. Mit einer jüngeren Frau will die Ältere nicht verwechselt werden, wie auch *Verena*, 48, sagt:

*»Mir wird oft gesagt, ich sei so jugendlich, vielleicht weil ich gern ausgefallene Mode trage und gern zum Tanzen gehe. Aber ich will da nicht etwa mit meiner Tochter konkurrieren, es ist einfach mein Lebensgefühl.«*

Jugendlichkeit ist für viele der von mir interviewten Frauen eine Metapher für ihr Lebensgefühl. Sie leben »Jugendlichkeit«, um sich selbst wohlzufühlen, aber nicht um sich wertlos fühlen zu müssen, wenn sie dem von den Medien verbreiteten Bild der Jugendlichkeit – identisch mit Jugend – nicht entsprechen.

Nicht selten vertreten Frauen ihr Alter sehr selbstbewusst, wenn sie sich in fortgeschrittenen Lebensjahren in einen jüngeren Mann verlieben, wie zum Beispiel *Bärbel*, die mit 67 den 59-jährigen Ulf kennen lernte: *»Ich habe ihm ja nichts vorgetäuscht, und wenn er mich liebt, dann kriegt er mich eben so, wie ich bin, nicht mehr jung und nicht mehr 40.«* Das heißt, der Jüngere weiß, dass er sich für eine Ältere entscheidet, die schon Zeichen der fortgeschrittenen Lebensjahre aufzuweisen hat. Lindas erster Mann verließ sie zum Beispiel wegen ihres Körpers, der ihre gemeinsame Geschichte trägt: Dehnungsstreifen von den Schwangerschaften, einen Busen, der die Kinder genährt hat, Lachfalten um Augen und Mund, Kummerfalten auf der Stirn. *»Ich war gerade 46 Jahre alt«*, sagt *Linda*, *»die Kinder fast erwachsen, ich war wieder berufstätig. Ich hatte nie das Gefühl, dass ich weniger attraktiv war als die Frauen meines Alters. Im Gegenteil. Doch für den Zustand meines Körpers konnte ich nichts. Wenn man Kinder hat, sieht man halt so aus. Aber das war schon bit-*

*ter.«* Als sie 51 war und neu verliebt, beschrieb ihr 38-jähriger Partner ihren mit Narben durchzogenen Bauch als »Landkarte ihres Lebens«, ein wertvolles Dokument.

Eine oft gestellte Frage an die ältere Frau, die einen jüngeren Mann hat, lautet: »Hast du denn keine Angst vor dem Alter?«

*»Nein«, sagt zum Beispiel Britta, 40, »ich habe ein wunderbares Bild vor Augen, das mir Marius schon oft ausgemalt hat, wenn ich wieder mal wegen meines Alters gestöhnt hab. Er sagt, er wird immer für mich da sein, auch wenn ich später kaum laufen können werde; er will der Stock sein, auf den ich mich stützen kann. Das ist eine beruhigende Aussicht, auch wenn ich glaube, dass alt zu werden nicht schön, nicht angenehm und auch nicht lustig sein kann«.*

Das Bild der alten Frau, die sich auf ihren noch rüstigen, jüngeren Mann stützen kann, fehlt in unserer Alltagswirklichkeit. Als selbstverständlich wird jedoch die Situation erlebt, in der ein alter Mann mit einer jüngeren Frau lebt, die ihn im Alter versorgen und pflegen kann. *Tanya* zum Beispiel erinnert sich nicht, dass das Alter für ihre Mutter ein Problem gewesen wäre. Sie erzählt: *»Mein Vater war 20 Jahre älter als meine Mutter und starb, als er 95 Jahre alt war. Er fing an, krank zu werden, als er etwa 90 war. Meine Mutter hat ihn bis zum Tod gepflegt. Der Altersunterschied war nie ein Problem, glaube ich.«*

Es ist üblich, dass alte Frauen ihre älteren Männer im Alter pflegen. Frauen haben Fürsorge und Pflege im Laufe ihres Lebens geübt.

Wenn der Mann jünger ist als die Frau, spricht er kaum über sein eigenes Alter. Auch im Alter wird er der Jüngere sein. Der Gemeinschaft im Alter mit der »alten« Frau sieht er zwar nicht ohne Sorge, doch auch getrost entgegen. Wie *David* zum Beispiel:

*»Obwohl ich jetzt noch nicht daran denke, wie es mal im Alter aussehen wird, könnte ich mir vorstellen, dass das Auftreten der wirklichen Alterserscheinungen noch mal eine Hürde bedeuten wird. Ich weiß nicht, wie ich darauf reagieren werde, wenn Tanya eines Tages wirklich alt ist. Aber das ist sicher ein Prozess, der uns beide formen wird. Das muss man abwarten.«*

Aber auch ältere Frauen können gelassen abwarten, was kommt. *»Ich denke nicht daran, was später wird«*, erklärt die 70-jährige *Paula.* Zukunftspläne sind in ihrem Alter überflüssig, meint sie. Für sie zählt die Gegenwart, die sie genießen will, zusammen mit ihrem 42-jährigen Mann. Sie unternehmen zum Beispiel abenteuerliche Reisen in ferne Länder. *»Dazu hätte ich allein keinen Mut mehr«*, sagt Paula. Mit ihrem jüngeren Mann fühlt sie sich bedenkenlos sicher.

Der 78-jährigen *Agnes »macht es überhaupt nichts aus, wenn die Leute denken, ihr Ehemann sei ihr Enkel. Das könnte er ja wirklich sein«*, meint sie. Der 40-jährige Martin lacht bei diesem Gedanken. Als er und Agnes vor zwölf Jahren geheiratet haben, hat die gesamte Familie ihn für verrückt erklärt. Sie wollten einfach in Ruhe gelassen werden und den Spekulationen der anderen ein Ende bereiten. *»Als wir offiziell Mann und Frau waren, wurden wir eher respektiert«*, sagt *Martin,* der als Stadtrat in einer Kleinstadt ein politisch engagiertes, sozial exponiertes Leben führt.

*Agnes* hatte sich nie wohlgefühlt, ihn als ihren »Freund« vorzustellen. *»Frauen in meinem Alter«, sagt sie, »haben Freunde zum Kartenspielen oder zum Spazierengehen im Stadtpark, das sind Gleichaltrige. Wenn ich Martin als meinen Freund bezeichnet habe, dann hieß es, ach, das hätte sie wohl gern.«*

Durch Martin bleibe sie »am Puls der Zeit«, sagt Agnes, die bis vor acht Jahren mit zwei Partnern eine Steuerkanzlei geführt hatte. Natürlich interessiere sie sich auch für Fragen, die ihre Generation betreffen. *»Ich nütze meinen Einfluss, um gerade die konservative Altenpolitik etwas lebendiger und individueller zu gestalten«*, sagt sie. Beim Bau eines neuen Altenwohnheims sind ihre Vorschläge eingeflossen. Sie hat sich ein Zimmer reserviert für die Zeit, *»wenn ich keine Lust mehr habe, einen aufwändigen Haushalt zu führen. Nur am Wochenende möchte ich dann von Martin abgeholt werden, weil er die Woche über eh kaum Zeit für mich findet.«* Soll sich Martin eine jüngere Frau suchen? *»Wieso denn?«, lacht Agnes, »ich lebe ja noch!«*

An Selbstmord hat sie nie gedacht: Harold und Maude haben glücklicherweise als Vorbild ausgedient.

Auch Frauen, die zwar die Ältere, aber noch nicht alt sind, denken darüber nach, wie es im Alter sein wird. Ihre Zukunftsvisionen schließen die Hoffnung ein, mit dem jüngeren Mann auch im Alter ein Paar zu sein. Sie nehmen an, das Leben gemeinsam mit ihrem jüngeren Mann gestalten zu können, auch wenn sie die Ältere sind. Die Zuversicht gründet sich bei vielen Frauen auf die glückliche gemeinsame Vergangenheit. *Rose*, 54, zum Beispiel erzählt:

*»In meinem Arbeitszimmer hängt ein Foto von mir und meinem jüngeren Mann, das vor 20 Jahren aufgenommen worden ist. Wer ist die Frau?, fragte mich ein Besucher, meinen Mann hatte er sofort erkannt. Als ich ihm sagte, das sei ich, war er erstaunt. Als sei diejenige auf dem Bild eine völlig Fremde. Es war mir unbegreiflich, dass er mich nicht erkannt hat. Das hat mir zu denken gegeben. Wenn man schon lange ein Paar ist, wird mich der Partner auch auf einem Foto erkennen, das 20 Jahre alt ist. Dann spielt es keine Rolle, gealtert zu sein.«*

Viele Frauen sagen, dass sie »bei« dem Menschen alt werden wollen, mit dem sie eine gemeinsame Geschichte verbindet. Und weil er der Jüngere ist, glauben sie, dass er ihr Altern hilfreich begleiten kann. Obgleich es existiert, ist das Frau-älter-als-Mann-Paar als altes Paar öffentlich jedoch noch immer wenig sichtbar. Von Ruth Gordon, die in dem Film »Harold und Maude« ein Stück eigenes Leben spielte, wird gesagt, dass ihr jüngerer Mann sie bis zum Tode pflegte. Sie sei in den Armen ihres jüngeren Mannes gestorben, heißt es auch von Agatha Christie, der erfolgreichen Kriminalautorin.

Doch unabhängig von der Vorbildwirkung prominenter und/oder nichtprominenter Paare und zusätzlich zum persönlichen Mut, eine nichtnormale Partnerschaft einzugehen, sind heute gesellschaftliche Bedingungen gegeben für die Verwirklichung anderer, unkonventioneller Lebensstile.

## Auf dem Weg zur gleichgestellten Normalität

Dass Frauen jüngere Männer lieben, ist zwar bis heute nirgendwo die Norm. Gleichwohl präsentiert jede Gesellschaft Argumente, die dem Frau-älter-als-Mann-Paar – trotz des Mann-älter-als-Frau-Paares als unumstößlicher Norm – eine berechtigte Funktion einräumen.

In unserer abendländischen Kultur verstand die Ständegesellschaft im Mittelalter Meisterbetriebe zu erhalten, indem die Meisterswitwe den jungen Gesellen ehelichen und dadurch zum Meister erheben konnte. Dadurch sicherten die Zünfte nicht nur die Meisterbetriebe, sondern auch die Versorgung ihrer Witwen. Und auf den Dörfern herrschte große Freude, wenn die Bauerswitwe einen kräftigen, gesunden und tüchtigen Burschen nach kurz bemessenem Trauerjahr vor den Traualtar der Dorfkirche führte.

Für Handwerker und Bauern erfüllte die Verbindung Frau-älter-als-Mann zwei wichtige Aufgaben: Sie wirkte

Status vermittelnd für den jüngeren Mann und sicherte, insbesondere im Falle der Witwenwiederverheiratung, die Versorgung von Abhängigen und die Bereitstellung von Erwerbsmöglichkeiten durch das Aufrechterhalten des Betriebes.

In Adelskreisen war der Einzug einer fürstlichen Braut, die sich bereits jenseits der Wechseljahre befand, beim jugendlichen Fürsten manchmal höchst willkommen. Kindliche Thronfolger, Fürsten und Herzöge wurden ohne Zögern mit oft erheblich älteren Erbtöchtern vermählt, um politische Bedürfnisse zu gründen oder zu festigen. So erheiratete zum Beispiel der 16-jährige Böhmenprinz Ottokar durch Eheschließung mit der 42-jährigen Babenbergerin Margarete die österreichischen Lande (siehe dazu auch Grillparzers Drama »König Ottokars Glück und Ende«).

Das ganze Mittelalter hindurch ist die Bedeutung der politischen Heiraten für die Erweiterung territorialen Besitzes und die Aneignung von Macht augenfällig. Die sorgfältig geplanten Heiratsbündnisse ermöglichten oft bedeutende Aufstiegschancen für Adelsgeschlechter und knüpften Freundschaften zwischen feindlichen Völkern. Um die wirtschaftliche Basis einer Adelsfamilie nicht zu gefährden, wurde, wenn es zu viele männliche Nachkommen gab, nicht selten einigen Söhnen die Eheschließung und Zeugung legitimer Nachkommen verwehrt. Als Ausweg konnte die Ehe mit der älteren Frau jenseits des gebärfähigen Alters eingegangen werden. Und nicht selten wurde eine ältere Gattin akzeptiert, um dadurch in den geschlossenen Kreis der Patrizierfamilien zu gelangen.

Die Bedeutung der Verbindung einer Frau mit einem jüngeren Mann lag somit in ihrem Beitrag zur Bevölkerungskontrolle und zur Sicherung von Herrschafts- und Machtverhältnissen. Dazu kommt ihre Funktion als Mittel zur Aufwärtsmobilität ganzer Familiengruppen.

In Japan gilt die Kombination mit der älteren Frau als Glücksfall für den Mann. Die Frau wird sich um ihn sorgen wie eine ältere Schwester, heißt es. In der japanischen Kultur wird der älteren Schwester innerhalb der Familie die Verantwortung für die jüngeren Geschwister zugewiesen, ein jüngerer Bruder wird ihrem besonderen Schutz unterstellt. Der jüngere Mann eines Paares befindet sich somit in der Rolle des jüngeren Bruders und wird umhätschelt, versorgt, beschützt. Man denkt jedoch an eine Altersgrenze: Idealerweise, heißt es, sollte die Frau höchstens bis zu fünf Jahren älter als ihr Ehemann sein. Jeder größere Altersunterschied wird abgelehnt. Der Mann mit der wesentlich älteren Frau gilt als Schwächling. In der japanischen Kultur kann das »ungleiche« Paar einerseits als Tabu gelten. Der akzeptierte begrenzte Altersunterschied bewirkt andererseits zusammen mit der für den Mann zu erwartenden höheren Fürsorge durch die ältere Frau eine Stabilisierung der Werte einer traditionellen Paarbeziehung.

Welche Funktion hat das Paar mit der älteren Frau und dem jüngeren Mann in unserer westlichen Gesellschaft? Von den historischen Gründen bleibt nur noch, dass sie Status vermittelnd sein kann. So ist sie heute ein Beleg für die Vielfalt von Paarverbindungen, die sich auf Liebe gründen. Psychologisch sorgt sie für die Verwirklichung des Bedürfnisses nach individuellem Glück.

Die zunehmende Anzahl von Verbindungen einer Frau mit einem jüngeren Mann weist überdies darauf hin, dass die bisherige Norm des Mann-älter-als-Frau-Paares an Bedeutung verliert. Für diesen Bedeutungsverlust spricht eine Reihe von Wandlungen in unserer Gesellschaft:

Die Grenzen der Generationen verwischen sich. Die einzelnen Lebensabschnitte einer erwachsenen Person lassen sich heute nicht mehr eindeutig identifizieren. Soziologen sehen darin eine Auswirkung unserer Informationsgesellschaft. Mit dem Erwachsenwerden treten wir in den Kreis der lebenslangen Informationsverarbeitung: Wir müssen unsere Kenntnisse fortlaufend erweitern, überprüfen, erneuern. Als ob wir zu ewiger Jugendlichkeit verpflichtet würden. Der Zugang zu Wissen ist überwiegend altersunabhängig geworden. Das macht es fast unmöglich, Lebensphasen als abgeschlossen zu betrachten. Die heutige junge Generation zieht daher den folgenden Schluss: *»Wir glauben, die Tendenz ist so, dass sich die Menschen altersmäßig angleichen«*, erklären zum Beispiel die 29-jährige *Kim* und ihr 21-jähriger Partner. Das ebnet den Weg für individuelle Lebensformen. Und es erleichtert den Umgang miteinander, wie *Lori*, 34, vermutet: *»Je mehr genormte Lebensläufe verschwinden, desto einfacher wird der Umgang mit anderen, ungeachtet wie alt sie sind. Und das ist besser.«*

Auch die Reife eines Menschen wird zunehmend vom Alter entkoppelt und individualisiert in einer Welt, in welcher der Zugang zu Informationen allen offensteht, die sich der entsprechenden Medien bedienen. Er ist schicht-, geschlechts- und altersunabhängig. Dann ist es überholt, anzunehmen, dass jünger gleichzusetzen ist mit weniger reif. *Sabine* unterstützt diesen Gedanken:

*»Ich halte meinen Freund oft für wesentlich reifer als ältere Männer, die ich kenne. Es liegt vermutlich daran, dass er einfach schon viel erfahren hat, ständig viel dazulernt und diese Erfahrungen gut in sein Leben umsetzen kann.«*

Als ein Resultat der Toleranz, die entsteht, wenn unterschiedliche Werte mehr oder weniger gleichrangig zur Verfügung stehen, nimmt die Bedeutung der Alterszusammensetzung in einer Beziehung ab. Mit anderen Worten: Auch dann, wenn wir für uns selbst eine bestimmte Lebensform wählen, können wir andere Menschen nach ihrer Fasson glücklich werden lassen. Dies ist ein Merkmal einer Gesellschaft, die eine Vielfalt von unterschiedlichen Lebensformen akzeptiert.

Die Toleranz anderen gegenüber ist gleichzeitig eine Abgrenzung: Auch wir wollen unser Leben nach unserer eigenen Fasson gestalten (dürfen). Frauen zum Beispiel verhalten sich zunehmend selbstbewusst und kritisch bei der Partnerwahl. *Sabine:*

*»Es war mir klar, dass da jemand ist, der sehr ideale Voraussetzungen hat in Bezug darauf, was ich mir von einem Mann vorstelle oder erwarte. Und das kam zu dem starken Gefühl der Verliebtheit dazu. Eine Vorstellung vom idealen Alter gab es dabei überhaupt nicht. Es gibt für jeden Menschen ein paar Grundvoraussetzungen, wonach man sich einen Partner aussuchen würde, und die hat er für mich erfüllt.«*

Sabine schätzt an ihrem Partner, dass er optimistisch ist, eine ansteckende Lebensfreude besitzt, vertrauenswürdig und ehrlich ist und ihr Sicherheit vermittelt. Ihr jüngerer Partner nennt Aufrichtigkeit, Offenheit und Geradlinigkeit als Qualitäten, die ihn an ihr fesseln, »und ihre Attraktivität«. Die gewünschten persönlichen »Qualitäten« sind dabei altersunabhängig. Daher entfällt die Suche nach Personen eines bestimmten Lebensalters.

Das Konzept der »Aktivität« spielt für die Aufweichung der Altersgrenzen eine beachtliche Rolle: Solange eine Person aktiv am sozialen Geschehen teilnimmt, wird sie als »dynamisch« und daher »jung« betrachtet. Tatsächlich können jüngere und ältere Menschen heute das gleiche tun: beruflich, sportlich, gesellschaftlich. Nicht selten sehen sie sogar fast gleich alt aus. Auch die Kleidung für junge oder alte Frauen gibt es nicht mehr. Frau und Mann trägt »jugendlich«, »sportlich«, zeit- und alterslos, natürlich individuell.

Wir werden nicht nur älter, wir sehen auch länger »jung« aus. Die Verzögerung des Alterungsprozesses geht einher mit der gestiegenen Lebenserwartung des Menschen.

Längst sind die Klischees veraltet, wonach eine Frau über 30 ihre Attraktivität verliert. Und Menschen jenseits der 50 sind noch lange nicht vergreist.

Da Frauen im Durchschnitt länger leben als Männer, macht es auch Sinn, einen jüngeren Mann zu haben, wenn man gemeinsam alt werden will.

An den einzelnen Lebensstationen kann das kalendarische Alter ebenfalls nicht mehr zwingend rekonstruiert werden. Das liegt daran, dass es einen typischen Lebenslauf vor allem für Frauen kaum noch gibt. Berufstätigkeit und Familienplanung laufen im Allgemeinen nicht mehr nacheinander, sondern gleichzeitig ab, und wenn die Kinder aus dem Haus sind, starten Frauen gern noch mal durch zu neuen Ufern.

Wir sind in der Ausprägung unserer Persönlichkeit – neben den ererbten Charaktereigenschaften – im Wesentlichen auch abhängig von den Bedingungen und Angeboten, die uns die Gesellschaft zur Verfügung stellt. Die Frauen der heutigen Generation 40+ haben ihre Souveränität auf dem Fundament und unter den Rahmenbedingungen einer Gesellschaft erwerben können, die wesentlich von den Errungenschaften der Frauenbewegungen vor und nach dem Zweiten Weltkrieg geprägt worden ist. Frauen, die heute zwischen 40 und 50 Jahre alt sind, haben das Glück, auf Vorbilder schauen zu können, die Wege und Möglichkeiten für ein souveränes Frauenleben erprobt haben. Dass die Frauen heute ohne die Frauenbewegungen in den westlichen Ländern nicht die Freiheit hätten, die sie jetzt genießen, stellte zum Beispiel Betty Friedan fest, die Gallionsfigur der amerikanischen Frauenbewegung, die in ihrem 1949 (in Deutschland erst 1963) veröffentlichten Buch »Der Weiblichkeitswahn« mit den traditionellen Rollenmustern der Nachkriegszeit abgerechnet hat.

*»Wir verstehen uns prima, wir kommen gut miteinander aus. Wir sind ein glückliches Paar«*, beschreiben die ältere Frau und der jüngere Mann ihre Verbindung, *»und das ist normal«* fügen sie hinzu. Eine »nichtnormale Beziehung« bedeute eine *»kranke Beziehung, in der kein Vertrauen mehr da ist, keine Gemeinsamkeit, keine Aufrichtigkeit«*, meint Sabine, oder, sagt ihr 23-jähriger Partner Alexander, *»in der Machtspiele das Leben vergiften«*. In diesem Sinne ist eine Definition von Normalität losgelöst vom Alter.

## Das Ungleichgewicht der Geschlechter auf dem Heiratsmarkt

Bevölkerungswissenschaftliche Studien machen im Zusammenhang mit der Diskussion um den fortschreitenden Geburtenrückgang in den westlichen Industrieländern seit Jahren auf ein Phänomen aufmerksam, das unter dem Begriff »Marriage Squeeze« auftritt: Das Ungleichgewicht der Geschlechter auf dem Heiratsmarkt erzeugt einen »Heiratsengpass«. Dies bedeutet, dass Personen bestimmter Jahrgänge Probleme haben, einen Partner oder eine Partnerin im »normalen« Altersabstand zu finden. Die Schlussfolgerung daraus ist, dass das traditionelle Mann-älter-als-Frau-Paar nicht mehr für alle Personen im heiratsfähigen Alter zu verwirklichen ist. Dies gilt umso mehr, wenn die Zahlen nicht nur auf Ledige beschränkt bleiben, sondern alle unverheirateten – Ledige, Verwitwete und Geschiedene – umfassen.

Der Heiratsmarkt der westlichen Industrieländer wurde noch bis zur Wende zum 20. Jahrhundert durch den Frauenüberschuss bestimmt. Seitdem stellen Bevölkerungswissenschaftler eine zunehmend entgegengesetzte Entwicklung fest. Diese Entwicklung ist ein Zusammenwirken der niedrigen Geburtenrate und des Rückgangs der Säuglings- und Kindersterblichkeit. Dies führt dazu, dass das »natürliche« Ungleichgewicht der Geschlechter – es werden stets mehr Jungen als Mädchen geboren – bis zum Heiratsalter erhalten bleibt. Somit gibt es mehr gleichaltrige Männer als Frauen auf dem Heiratsmarkt. Die tatsächlichen Zahlen sind je nach Jahrgangsstärken unterschiedlich.

Der gesamte Heiratsmarkt einer Bevölkerung hängt jedoch nicht nur von den jeweiligen Jahrgangsstärken ab. Er umfasst zusätzlich diejenigen Personen, die noch ledig sind, und jene, die aufgrund von Verwitwung oder Scheidung wieder als Heiratskandidaten zur Verfügung stehen. Entscheidend für die Situation der Heiratswilligen ist auch die vorherrschende Altersabstandsnorm für Paare, wonach die Frau jünger ist als der Mann.

Die genannten Faktoren bewirken auf dem Heiratsmarkt die Überzahl der männlichen heiratsfähigen Personen.

Da die Geburtenrate entsprechend den Vorhersagen weiter abnimmt, kommen voraussichtlich auf jeden Männerjahrgang weniger Frauen. Diese »Marriage Squeeze«-Situation für Männer verstärkt sich aufgrund der Partnerwahl nach dem vorherrschenden Muster des Mann-älter-als-Frau-Paares.

Die Generation der älteren Frauen sieht sich schon seit längerer Zeit dem Problem gegenüber, einen altersadäquaten Partner zu finden. Dies lässt sich zum Beispiel am Altersaufbau der Bevölkerung Deutschlands vom 31. Dezember 1994 zeigen. Daraus wird ersichtlich, dass es bis zu einem Lebensalter von 57 Jahren mehr Männer als Frauen gibt. Ab einem Lebensalter von 58 Jahren lässt sich ein Frauenüberschuss feststellen. Für die Möglichkeit der Partnerwahl bedeutet dies, dass sich 58-jährige und noch ältere Frauen auch in jüngeren Altersgruppen nach Partnern umsehen müssen, wenn sie nicht allein bleiben wollen.

Neben dem als wünschenswert betrachteten normativen Altersabstand wirken weitere Einflussfaktoren auf den Heiratsmarkt. Die Bevölkerungsexperten Katharina Pohl und Hans W. Jürgens nennen folgende Punkte: »Nicht alle Heiratsfähigen sind auch Heiratswillige. Nicht alle Unverheirateten leben ohne Partner. Und nicht alle Heiratswilligen haben die gleichen Präferenzstrukturen.«[5]

Gerade im letztgenannten Punkt wird ebenfalls eine Zukunftschance für das Frau-älter-als-Mann-Paar ersichtlich: Je individueller die Wünsche, desto sicherer verlieren Normen ihre Verbindlichkeit. Frauen und Männer der Generation der 20- und 30-Jährigen halten heute den üblichen Altersabstand zwischen Frau und Mann in einer Partnerschaft bereits für unwichtig.

Die von der Bevölkerungsentwicklungsprognose abgeleitete Feststellung der Nullchancen vieler Männer auf dem Heiratsmarkt lässt sich auch anders formulieren: Frauen werden zunehmend die Partnerwahl entscheiden können. Ob die Männer partnerlos bleiben, hängt zukünftig zum beachtlichen Teil von den Frauen ab. Und weil einiges für den Jüngeren spricht, erklären immer mehr ältere Frauen ihr Wahlverhalten wie *Inge*, 35: »Er war meine bewusste Wahl.«

Die Meinungen, dass es sich bei der Frau mit dem jüngeren Mann um eine exotische Ausnahme handelt, ein vorübergehendes Phänomen, das für die Mehrhcit vor allem der Frauen nicht repräsentativ sein kann, stimmen nicht mehr mit der Wirklichkeit überein. Aufgrund der oben dargestellten gesellschaftlichen Wandlungen wird deutlich: Das bisher als »normal« geltende Paar hat eine ernsthafte Konkurrenz bekommen. Die Chancen stehen gut, dass das Paar Frau-älter-als-Mann gleichwertig neben dem bisher als »normal« geltenden Paar-Muster bestehen wird.

Es geht nun darum, das Meisterstück im Abbau der Vorurteile im eigenen Kopf und in den Köpfen der Menschen zu leisten. Zudem ist es wichtig, den Glauben an die Verwirklichung von persönlichem Glück nicht zu verlieren. Dann können die Chancen zur Gleichstellung der beiden typischen Paarmuster in unserer Gesellschaft auch erkannt und selbstbewusst nach Außen vertreten werden. Daran arbeitet vor allem das bislang unkonventionelle Paar. Und weil jede Form von Verhalten und Handeln die Menschen im Umfeld beeinflusst, wirken die ältere Frau und ihr jüngerer Mann als Vorbild auf dem Weg zur gleichgestellten Normalität ihres Beziehungsmusters.

## Auch die Liebe braucht den Entschluss

In unserer stark individualisierten Kultur gelten kaum noch Werte, die das Wohlergehen der Gesellschaft als Ganzes stützen. Als Merkmal einer »normalen« Beziehung gilt daher heute typischerweise das individuelle Glück. Die hohen Scheidungsziffern widersprechen dieser These kaum. Sie demonstrieren vielmehr, dass sich die Menschen nicht mit weniger zufrieden geben.

Zur Konstruktion ihres individuellen Glücks fällt die Wahl der Frauen immer häufiger auf den jüngeren Mann, und umgekehrt entscheidet sich ein Mann zunehmend für die ältere Frau.

Eine erhebliche Anzahl von Frauen verfügt über eigene finanzielle Mittel und über Positionen mit hohem Prestige. Geld ist instrumenteller Ausdruck für soziale Wertschätzung. Den nichtmateriellen Gütern, wie Liebe, Zuneigung, Zuwendung, Sexualität, fällt in unserer Gesellschaft nur eine geringe soziale Wertschätzung zu. Das heißt, sie spielen für das soziale Ansehen einer Person keine wesentliche Rolle.

Sie sind jedoch für das individuelle Glück von hoher Bedeutung und stehen deshalb auf der Wunschliste aller Menschen weit oben. Mit *Carolas* Worten wird dies deutlich:

*»Als ich Lars meinen Freunden und Söhnen vorstellte, waren die entsetzt: ›Was willst du mit jemand, der so wenig Selbstbewusstsein zeigt. Außerdem – er kommt vom Land. Du kannst dich doch gar nicht mit ihm unterhalten‹, war ihre Meinung. Inzwischen haben sie die gründlich revidiert, weil sie sehen, wie liebevoll unser Umgang miteinander immer noch ist. Dass wir heute noch Händchen haltend durch die Gegend laufen, ist in erster Linie Lars zu verdanken. Er benimmt sich noch genau so verliebt wie am ersten Tag. ›Wie eine lange dauernde Verlobungszeit‹, hat neulich ein Freund gesagt.«*

Wer wünscht sich nicht, genau diese Liebe in einer Partnerschaft auszuleben? Und nicht nur zu Beginn einer Beziehung? Und wer diese Liebe erfährt, ist glücklich, wie dies beispielsweise der 49-jährige Achim ausdrückt, der seit zehn Jahren mit seiner neun Jahre älteren Frau Elsa zusammen ist: »Uns geht es verdammt gut und ich kann mir nicht vorstellen, dass es je anders sein könnte. Wir bedanken uns für unser Glück.«

Was uns Liebe bedeutet, wird schon in unserer Kindheit geprägt. Vor den gesellschaftlichen Umwälzungen der 1960er Jahre wurde Liebe als inneres Gefühl verstanden, das mit Werten wie Hingabe, Verantwortung, Unterstützung und Treue verbunden war. Die Formel »in guten und in schlechten Zeiten« ging auf widersprüchliche Weise später einher mit dem Versprechen, sich, falls die Liebe nicht mehr zu spüren wäre, lieber zu trennen, als eine lieblose Gemeinschaft weiterzuführen. Das war ein Schwur, den sich die Generation der sogenannten 68er, vor gut 40 Jahren also, im Zuge der freien Liebe gegeben hat.

Das war auch damals nicht neu, denn schon die Romantiker des 19. Jahrhunderts plädierten für die freiwillige Liebe als einzig mögliches Motiv für eine eheliche Verbindung zwischen Frau und Mann. Dass sie sich ewig lieben werden, daran haben sie genauso wenig gezweifelt wie die Liebenden aller Epochen, weil uns die Liebe ganz und gar gefangen nimmt. Sogar der Klarsichtigste und Wissendste vermag nicht den Gedanken zu fassen, dass diese Liebe jemals enden wird. Es ist auch nicht sicher, dass sie alle Phasen des Lebens, des Alterns und der Krankheiten überstehen wird. Dennoch ist die ewige Liebe auch heute noch das Ideal, entgegen der Erkenntnis, dass sie nur ein Glücksfall bleibt angesichts der immer wieder zerbrochenen Beziehungen.

Und doch besteht die Aussicht, ewig zu lieben, weil jemanden zu lieben nicht nur ein starkes Gefühl sein soll, es ist auch eine Entscheidung, ein Urteil, ein Versprechen. Wenn ich davon ausgehe, die Liebe werde ewig dauern, dann müssen auch mein Urteilsvermögen und meine Entschlusskraft beteiligt sein. Erich Fromm hat die Liebe mit einer Kunst verglichen, die Wissen voraussetzt und den Willen, etwas zu lernen. Man liebt das, wofür man sich müht, sagt er, und müht sich für das, was man liebt.[6] Dazu gehört die Freiheit, einen jüngeren Mann zu lieben, und eine ältere Frau.

# Anmerkungen

1 vgl. Wendy Chapkis: Schönheitsgeheimnisse – Schönheitspolitik, Frankfurt/Main 1995
2 vgl. Otto F. Kernberg: Liebesbeziehungen: Normalität und Pathologie, Stuttgart 2007
3 vgl. Elisabeth Beck-Gernsheim: Mutterwerden – der Sprung in ein anderes Leben, Frankfurt/Main 1989
4 vgl. Hans Günther Adler: Die Freiheit des Menschen. Aufsätze zur Soziologie und Geschichte, Tübingen 1976, S. 315 f.
5 vgl. Hans W. Jürgens und Katharina Pohl: Sexualproportion und Heiratsmarkt, in: Zeitschrift für Bevölkerungswissenschaft, Heft 2, 1985
6 vgl. Erich Fromm: Die Kunst des Liebens, München 2001

# Literaturverzeichnis


Adler, Hans Günther: Die Freiheit des Menschen, Tübingen 1976
Bachmann, Ingeborg: Das Dreißigste Jahr, München 1966
Beck-Gernsheim, Elisabeth: Mutterwerden – der Sprung in ein anderes Leben, Frankfurt/Main 1989
Beck-Gernsheim, Elisabeth: Die Kinderfrage. Frauen zwischen Kinderwunsch und Unabhängigkeit, München 1988
Borscheid, Peter: Geld und Liebe, in: Teuteberg, Hans J. und Borscheid, P.: Ehe, Liebe, Tod, Münster 1983
Borst, Arno: Lebensformen im Mittelalter, Frankfurt/Main und Berlin 1973
Butz, Hans J. : Weniger als Zeit, Regensburg 2005
Chapkis, Wendy: Schönheitsgeheimnisse – Schönheitspolitik, Frankfurt/Main 1995
Fromm, Erich: Die Kunst des Liebens, München 2001
Gambaroff, Marina: Utopie der Treue, Reinbek 1984
Jürgens, Hans W. und Pohl, Katharina: Sexualproportion und Heiratsmarkt, in: Zeitschrift für Bevölkerungswissenschaft, Heft 2, 1985
Katz, Anne Rose: Die Freiheit der späten Jahre, München, 1995
Kernberg, Otto F.: Liebesbeziehungen: Normalität und Pathologie, Stuttgart 2007
Luhmann, Niklas: Liebe als Passion. Zur Codierung von Intimität, Frankfurt/Main 2003
Nötzoldt-Linden, Ursula: Freundschaft. Zur Thematisierung einer vernachlässigten soziologischen Kategorie, Opladen 1996
Stendhal: Rot und Schwarz, München 1976
Willi, Jürg: Die Zweierbeziehung, Reinbek 1990

# Dank

Das Thema »Frauen lieben jüngere Männer« ist mir ja nicht neu. Weder persönlich noch beruflich. Dennoch ist es immer wieder eine unendliche Herausforderung, es in Buchform zu Papier zu bringen. Ohne die Unterstützung so vieler Menschen hätte ich das auch dieses Mal nicht in Angriff genommen und auch nicht zu Ende gebracht. Deshalb schulde ich all meinen Helfern für ihren Beitrag und die Rückenstärkung großen Dank. Zuvorderst allen jenen Frauen und Männern, die sich zum Interview bereit fanden und mich an ihren Gedanken und Erfahrungen als »ältere Frau und jüngerer Mann« teilhaben ließen.

Mein Dank gilt auch Gabriele Christ-Kagoshima, Maria Kolostori sowie im besonderen Coco Enzweiler, Biene Koetter, Jeanne Szilit-Brandstätter, Margit Wermter, meiner Schwiegertochter Angela und meiner Tochter Katja für ihre unverzichtbaren Hinweise und ihren kritischen Blick in der Begleitung meines Arbeitsprozesses.

Ursula Richter